通往平等对话的共同体

共同体

本·阿格尔『快速资本主义』思想研究

申治安◎著

知识产权出版社

全国百佳图书出版单位

—北京—

图书在版编目（CIP）数据

通往平等对话的共同体：本·阿格尔"快速资本主义"思想研究 / 申治安著 . —北京：知识产权出版社，2020.12

ISBN 978-7-5130-7351-6

Ⅰ. ①通… Ⅱ. ①申… Ⅲ. ①本·阿格尔—哲学思想—研究 Ⅳ. ① B711

中国版本图书馆 CIP 数据核字（2020）第 258869 号

责任编辑：赵　昱　　　　　　　　　　　责任校对：王　岩
封面设计：北京麦莫瑞文化传播有限公司　责任印制：孙婷婷

通往平等对话的共同体

——本·阿格尔"快速资本主义"思想研究

申治安　著

出版发行：知识产权出版社 有限责任公司	网　　址：http：//www.ipph.cn
社　　址：北京市海淀区气象路 50 号院	邮　　编：100081
责编电话：010-82000860 转 8128	责编邮箱：zhaoyu@cnipr.com
发行电话：010-82000860 转 8101/8102	发行传真：010-82000893/82005070/82000270
印　　刷：北京虎彩文化传播有限公司	经　　销：各大网上书店、新华书店及相关专业书店
开　　本：720mm×1000mm　1/16	印　　张：11.75
版　　次：2020 年 12 月第 1 版	印　　次：2020 年 12 月第 1 次印刷
字　　数：192 千字	定　　价：49.00 元
ISBN 978-7-5130-7351-6	

前　言

20世纪六七十年代以来，当代资本主义进入一个新阶段，呈现出许多新变化。诸多国外马克思主义者从经济、政治、文化、社会、生态等多个维度，各有侧重地揭示了当代资本主义的新变化，提出了许多新观点、新思想。对于这些国外马克思主义者的新观点、新思想，我们应该加以密切关注和认真研究。这是因为，习近平总书记在中央政治局第四十三次集体学习时明确指出，发展21世纪马克思主义、当代中国马克思主义，必须立足中国、放眼世界。

作为著名的北美马克思主义者的本·阿格尔（Ben Agger，1952—2015），其一生著述颇多、思想丰富，是我们进行国外马克思主义研究时不应忽视的重要人物。纵观阿格尔的整个学术历程，可以将之大致划分为早期（1975—1984）、中期（1985—2000）、后期（2001—2015）三个时期。在阿格尔的整个学术历程中，他一贯自觉地从左翼学者的立场来思考当代资本主义的现实、马克思主义的境遇和社会主义的未来。迄今为止，如果说国内学界对阿格尔早期学术思想，尤其是其早期的生态学马克思主义思想有较为深入研究的话，那么对阿格尔中期和后期的学术思想加以研究的成果还不太多。笔者在攻读博士学位期间，将阿格尔的生态学马克思主义思想作为博士学位论文的选题，并在2012年5月完成了学位论文的写作与答辩。尽管当时笔者对阿格尔中后期的学术思想有所了解，但因侧重于研究其生态学马克思主义思想而没有深究阿格尔中后期的其他思想。随着对阿格尔整个学术思想研究的逐步推进，笔者发现对在阿格尔中期学术思想中占据重要地位的"快速资本主义"思想加以研究，既是全面阐释阿格尔生态学马克思主义思想的需要，也是准确述评阿格尔中后期学术思想的需要，更是总体把握阿格尔学术思想的需要。

"快速资本主义"（Fast Capitalism）这个术语，是阿格尔在1989年首创并使用的。"快速资本主义"中"快速"（Fast）一词，既涉及时间及其压缩状态，也涉及各种边界的模糊。也就是说,在后现代资本主义社会,时间随着日常生活速度的加快而被压缩,文本与世界之间的、私人生活与公共生活之间的、真实和幻象之间的各种边界日益不清。相应地,"快速资本主义"主要含义在于:后现代资本主义社会中文本与世界之间边界的快速消解;后现代资本主义社会中的写作大多是描摹性的草就,而非批判性思考的产物;后现代资本主义社会的意识形态快速翻新,以社会文本的形式大肆弥散;批判理性快速衰落,越来越不容易对后现代资本主义的意识形态加以批判。阿格尔使用"快速资本主义"这一新术语,意在强调,弗里德里克·杰姆逊(Fredric Jameson,1991)和大卫·哈维(David Harvey,1989)等人所说的后现代资本主义社会因其社会节奏加快,从而导致各种承载了资本主义意识形态的社会文本与其描述对象之间的边界渐趋模糊,后现代资本主义的社会文本解构与重构愈发艰难。

阿格尔对当代资本主义的"快速资本主义"指称,既不是为了简单地描述当代资本主义社会现状,也不是为了大力颂扬当代资本主义,而是为了对当代资本主义进行文化批判,进而借助于重建批评理性、激进地阐释社会文本、实行平等对话,以最终超越后现代资本主义,走向平等对话的共同体。概括地说,阿格尔"快速资本主义"思想的理论主旨在于,通过对当代资本主义社会文本的激进解读以批判当代资本主义意识形态,借助对当代资本主义公共领域新变化的揭示以塑造真正的民主政治,仰赖对当代资本主义展开经验研究以发展法兰克福学派的批判理论。

对阿格尔"快速资本主义"思想的研究,就是要对之加以分析和鉴别。笔者立足于研读阿格尔的英文原著,通过解读一手文献资料,较为系统而全面地述评了阿格尔"快速资本主义"思想的出场路径、主要内容与理论得失。值得肯定的是,阿格尔大体上积极地从马克思主义的立场以可贵的理论勇气和政治勇气对"快速资本主义"进行了文化批判,反映了他对民主政治、平等对话、社会解放的真诚追求。但也必须明确指出,阿格尔的"快速资本主义"思想,虽然根据当代资本主义社会的新变化而发展了法兰克福学派的批判理论,但是因其根植于法兰克福学派的批判理论,而没有严格按照辩证唯物主义和历史唯物主义的理论要求来解读当代资本主义。这既导致阿格尔对后现代资本主义社会批判的理论深度大打折扣,也导致他实际上无法从当代资本主义内在矛盾的发展中找到真正超越当代资本主义的解放路径，从而使得他关于平等对话的共同体的构想带有空想主义色彩。

自觉地坚持以马克思主义为指导，批判性地研究阿格尔"快速资本主义"思想，能够让我们更加全面地了解当代资本主义的社会现实，更加深刻地理解当代资本主义的社会实质，从而在更加坚信"资本主义必然灭亡、社会主义必然胜利"的同时，也不忽视当代资本主义"在它所能容纳的全部生产力发挥出来以前，是绝不会灭亡的；而新的更高的生产关系，在它的物质存在条件在旧社会的胎胞里成熟以前，是绝不会出现的"❶。毫无疑问，中国特色社会主义进入新时代，我们要更加坚定中国特色社会主义的道路自信、理论自信、制度自信和文化自信。作为一名哲学社会科学工作者，笔者深知呈现在大家面前的拙著还有诸多欠缺，真心期待大家的批评指正。

最后，本书在成书的过程中得到了很多师友的支持。衷心感谢中原工学院的罗锋老师，他多次督促笔者尽早完成书稿。衷心感谢人民出版社的王世勇编审，他一直关心书稿的进度，并积极帮笔者联系出版社。衷心感谢知识产权出版社编辑赵昱，她对书稿提出了许多宝贵的修改意见和建议。一句话，没有他们相助，本书不可能在今天面世，笔者衷心地向他们致谢。

申治安

2020 年 10 月 26 日于中原工学院南校区教师公寓

---

❶ ［德］马克思，恩格斯. 马克思恩格斯文集（第 2 卷）［M］. 北京：人民出版社，2009：592.

目　录

第一章　绪论 ……………………………………………………………… 1

第一节　研究现状 ……………………………………………………… 1
第二节　研究意义 ……………………………………………………… 9
第三节　研究内容 …………………………………………………… 12

第二章　"快速资本主义"出场 ……………………………………… 14

第一节　书籍文化的衰落化 ………………………………………… 14
第二节　解读美国的社会学 ………………………………………… 18
第三节　对社会文本的聚焦 ………………………………………… 26

第三章　"快速资本主义"批判 ……………………………………… 35

第一节　等级制下的文本性 ………………………………………… 35
第二节　惩戒性文本的凸显 ………………………………………… 46
第三节　文本之意义的遭贬 ………………………………………… 58

第四章　"快速资本主义"变革 ……………………………………… 76

第一节　社会变革不可抗拒 ………………………………………… 76
第二节　打造激进阐释利器 ………………………………………… 90

第三节 改写各种社会文本 ·· 118

第五章 超越"快速资本主义" ·· 129

第一节 社会主义的对话性 ·· 129
第二节 重构"对话"概念 ·· 137
第三节 平等对话的共同体 ·· 154

结 论 ·· 162

参考文献 ·· 173

第一章 绪 论

20世纪六七十年代，随着科学技术和工业文明的高度发展，西方资本主义在经济社会各领域都涌现出一系列巨变。媒体技术层出不穷，地缘政治激烈变动，文化样式异彩纷呈，时空体验丰富多样，这些现象似乎表明当时的社会与过去的社会决裂了。正是在这种情境之下，后现代主义、后结构主义、女权主义、自由主义、保守主义等各种社会思潮从不同的立场和角度出发，针对所谓的后现代资本主义的社会文化提出了多种崭新的理论、概念、话语和方法。面对这些西方的理论、概念、话语和方法，我们"要有分析、有鉴别"❶，以便澄清其理论得失，从而借鉴其有益的学术成果。

第一节 研究现状

面对当代资本主义的经济社会发展状况，生活于其中的西方马克思主义者该如何对之加以回应？道格拉斯·凯尔纳（Douglas Kellner）、斯蒂文·贝斯特（Steven Best）、马克·波斯特（Mark Poster）、南希·弗雷泽（Nancy Fraser）等人各自有所侧重地"梳理并评估了那些自诩为最新的理论和政治前卫、比激进更激进、比新更新、超激进的和超新的观点的贡献与局限"❷。作为继承了法兰克福学派批判理论传统的北美马克思主义的代表性人物之一，本·阿格尔❸也

---

❶ 习近平.习近平谈治国理政（第二卷）[M].北京：外文出版社，2017：341.

❷ ［美］道格拉斯·凯尔纳，斯蒂文·贝斯特.后现代理论：批判性的质疑[M].张志斌，译.北京：中央编译出版社，2004：3.

❸ 对于阿格尔，应该说国内学术界因早已广泛关注其生态学马克思主义（Ecological Marxism）思想而并不陌生。尽管有些学者也注意到阿格尔的文化批判思想，但从总体上研究阿格尔学术思想的成果尚不多见。

对西方当代资本主义社会的所谓后现代性及其话语特质提出了自己的看法。

1989—1993年，阿格尔接连出版了《快速资本主义：关于意义的批判理论》（1989a）、《解读科学：文学的、政治的、社会学的分析》（1989b）、《社会（存在）学：学科解读》（1989c）、《话语的衰落：后现代资本主义社会中的阅读、写作和抵制》（1990）、《关于公共生活的批判理论：衰落时代的知识、话语和政治》（1991）、《作为批判理论的文化研究》（1992a）、《关于支配的话语：从法兰克福学派到后现代主义》（1992b）、《性别、文化和权力：走向女权主义后现代批判理论》（1993）八本专著，相继重点探讨了后现代资本主义意识形态的文本性特征及其话语解放的现实战略。

阿格尔在其专著《性别、文化与权力：走向女权主义后现代批判理论》（1993）中指明，他所说的"快速资本主义"和让·鲍德里亚（Jean Baudrillard）所说的"超真实"都是后现代资本主义的别名❶，只是各自观察的视角有所不同。在1984年的《新左派评论》一文中，弗里德里克·杰姆逊（Fredric Jameson）把后现代主义视为晚期资本主义的文化逻辑。尽管杰姆逊在文学理论框架内没有充分地提出一种系统的批判性社会理论，但他以很有用的方式对资本主义做了分期。这也暗示了阿格尔对当代资本主义加以分期的导向。阿格尔把后现代资本主义看作对法兰克福学派和曼德尔（Ernest Mandel）所说的那种晚期资本主义加以超越和继续的一个新阶段。阿格尔更关心的不是理论分类的精细化，而是用历史的恰当术语来架构一种新的批判理论。

较为集中体现阿格尔"快速资本主义"思想的文献，是其论述批判性书籍文化衰落的专著《快速资本主义：关于意义的批判理论》（1989a），以及阐述公共生活重建的专著《关于公共生活的批判理论：衰落时代的知识、话语和政治》（1991）。对于"快速资本主义"，阿格尔不仅仅做出讽刺，还在批判它的基础上构想出超越它的美好社会。在他看来，关于"快速资本主义"的经验性基础在于，后现代资本主义条件下很难与之保持用以批判它的必要距离。换而

---

❶ BEN AGGER.Gender, Culture and Power: Toward a Feminist Postmodern Critical Theory［M］. Westport, CT: Praeger Publishers, 1993: 11. 就后现代、资本主义、性别歧视三者之间的关联而言，阿格尔的"快速资本主义"这一术语要优于鲍德里亚的"超真实"，因为它从唯物主义而非唯心主义的视角出发。

言之，文本❶与当下资本主义之间的边界变得日益脆弱。当下的资本主义吞噬了传统意义上的文本，并把它们弥散（disperse）到货币、科学、高楼及数字之中，从而导致货币、科学、高楼及数字成为意识形态化的新型"文本"。这些新型"文本"迫使"阅读"仅仅是重复和复活它们，进而编织了让人们去接受、默认及顺从它们的符码。甚至是具有强烈批判力的马克思主义和女权主义，也不能成功地抵制自身作为"文本"而被资本主义吸收，从而成为标语，取代了思考。

阿格尔把自己的研究置于实证主义者、自由主义者、保守主义者、激进分子之间的文化之战中，希望修复传统的批判性文本。他利用有价值行为针对无价值行为加以等级制支配这一基本理解，来探讨批判性书籍文化的衰落，进而批判"快速资本主义"。❷"快速资本主义"思想在阿格尔的整个学术思想中占据重要的地位，已经引起学术界关注。就笔者有限视野所见，虽然尚未发现国外学界系统述评阿格尔的"快速资本主义"思想，但这并不意味着没有学者进行相关研究。国外学者的一些相关研究主要以书评的形式呈现出来。他们指出了阿格尔"快速资本主义"思想的三个重要贡献。

其一，认为阿格尔继承了法兰克福学派的文化批判传统。沃德尔（Mark Wardell）指出，阿格尔在"快速资本主义"探讨方面的理论工作，是美国当代社会学的亮点，因为他延承了法兰克福学派的社会批判理论家对文本批判的解构工作，从而对发展批判理论作出了积极贡献。阿格尔对文本批判的解构工作形成了他发掘批判性社会理论的方法，力图揭示再生产过程的实践性，而不是像其他研究批判理论的大多数文章那样只是抽象地讨论为什么单向度性再生产了不自由。通过解构社会学的各种导论性教材，阿格尔分析了它们所蕴含

❶ 文本是结构主义和后结构主义的用语，意指语言符号系统、现象系统及其内容。有两种情况，一为语言的成分，另一为超语言的成分。前者指一个句子、一本书和一个观察现象的内容所构成的认识对象，后者指话语的语义和内容所组成的记号复合体，它反映语言外的情境。这种语言外的情境因个人的情况不同而有所不同。文本有三重意涵：一是话语的记号系统或现象的记号系统；二是该系统所表述的意义系统；三是现象的观察者与书籍的阅读者所了解的不同抽象记号系统。结构主义大多把文本的记号系统与所表述的意义看成平行的和固定的，而后结构主义则认为人对记号系统的了解是变化的，形成一种生成变化过程。参见方珏. 伊格尔顿意识形态理论探要 [D]. 复旦大学，2006：2.

❷ BEN AGGER.Fast Capitalism：A Critical Theory of Significance [M]. Champaign：University of Illinois Press，1989：1.

的隐蔽信息，论证了社会支配中心和受控边缘的存在。❶ 黑兹里格（Lawrence E.hazelrigg）对阿格尔在 1989 年和 1990 年先后出版的涉及"快速资本主义"的四本专著《快速资本主义：关于意义的批判理论》《解读科学：文学的、政治的、社会学的分析》《社会（存在）学：学科解读》《话语的衰落：后现代资本主义中的阅读、写作和抵制》给予高度评价，认为阿格尔延续了霍克海默在《传统理论和批判理论》中关于因商品的流通和消费而销蚀了批判力的话题。❷

邓辛（Norman K. Denzin）也认为，在几乎所有美国社会学都忽视批判理论的情况下，阿格尔则走近了法兰克福学派。阿格尔和凯尔纳、杰姆逊、阿罗诺维奇、弗雷泽、理查德森等美国其他少数理论家，创造了一种面向 21 世纪的后结构的、后现代的、后马克思主义的批判理论和文化研究议程，而关于公共生活的批判理论这一成果可以看作对阿格尔所作努力的一个总结。阿格尔借助于法兰克福学派积极融合理论与实践，从而让理论有利于塑造公共话语并可接触到有一定知识的公众。鉴于当代学术话语与公共生活相距太远，阿格尔期望批判理论作为文化批判可以在日常公共生活中大有作为。

其二，肯定阿格尔对"快速资本主义"的文化批判。邓辛指出，立足于哈贝马斯的理想交谈情境观念，阿格尔呼吁民主话语批判地分析晚期资本主义的基本社会问题的同时应创造一种公共话语以便权力共享。为创造这种话语体系，大量的障碍需要清除。因此必须引入新的理论模式和建议，这包括理解读者是如何重写文本的，知识工业（高等教育）是如何商品化知识的，当代公共话语是如何建立在肤浅的、商品化的、娱乐化的信息基础之上的。这是源自法兰克福学派批判理论的后结构主义的女权主义的社会学。阅读和写作是社会实践，它中介、创造、限定并过滤了现实。社会事实是通过文本实践而再生产的，所以文本实践可以改变社会。因此，一项批判研究计划必须是文化的，以便质问文化符码、文本和实践对现实的过滤、创造和反映。有知识的公众可以批判地解读这些文化文本，揭示嵌入文本的意识形态符码。

黑兹里格也指出，阿格尔首创的"快速资本主义"是指商品流通的加速，带来了社会联系中介的日益匿名化。这一过程不仅仅是通常定义的"商品化"，

---

❶ Mark Wardell. Review［J］.Contemporary Sociology, 1991, 20（2）: 321.

❷ Lawrence E.hazelrigg. Review［J］.Social Forces, 1991, 70（2）: 555.

因为话语已通过或借助物体的物质性而起作用，从而导致文本被各种熟悉的、简化的镜像所过滤，批判性思索、广告媒体等之间的差异渐渐模糊，形成商业趋同。话语的衰落之所以很难看见，是因为商品流通的加速，记忆很难再回忆起忘记了什么。社会学的话语也变得越来越缺乏多样性，主流社会学将马克思主义简化为冲突理论和经济主义，将女权主义简化为性别研究和家庭主义。❶墨非（John W. Murphy）坦承，虽然阿格尔坚持认为社会支配的现代方法不同于过去，但这个论题不新，因为鲍德里亚、福柯、德勒兹、瓜塔里等都有过类似的看法。阿格尔像他们一样也认为社会支配在现代技术社会中是弥散的，不为人们所注意，而且当支配像阿格尔描述的那样成为规训，就把经常由操控和强制而产生的结果的破坏性最小化了。因此，用于确保社会秩序的各种社会支配机制快速运转，压迫几乎是隐蔽的。鲍德里亚认为这种微妙却很无情而有效的方式是"符号暴力"。不过，墨非强调阿格尔所作的一个重要贡献，是对这种过程的复杂性的洞见。此外，阿格尔描述了对真实的特定理解，分析了实证主义是怎样取得优势地位的。一旦一个社会将一种理解模式等同于客观，它就放逐了其他各种类型的知识，视之为低等的和无聊的。它定义任何挑战现状者为非理性的，这将被理性的人所回避，所以它很快就毁灭了反对运动，无须用可见的力量去实现。❷

施奈德（Joseph W. Schneider）还指出，阿格尔指责了实证主义"期刊科学"，认为发表在《美国社会学评论》《美国社会学季刊》《社会力量》上的文章，通过写作而构建了一个不变的、凝固的从而虚假的世界。这既维持了晚期资本主义，又强化了作为学术的社会学的规制性和职业化机制。他在评论阿格尔的《解读科学：文学的、政治的、社会学的分析》一书时说，在这本充满激情甚至是愤怒的书中，阿格尔希望鼓起勇气去以一种不同类型的方式进行写作，强调科学是诗歌般的、反思性的、分散化的、更真实的，致力于实现民主共同体；阿格尔的批判焦点是"期刊科学"，他将期刊文章的各个部分分别加以解读，从而认为"期刊科学"的真正主题不再是实质内容，而是方法和技术。"期刊科学"的文学反讽是，作者们都想站在巨人的肩膀上，力图超

❶ Lawrence E.hazelrigg. Review［J］.Social Forces, 1991, 70（2）: 556.
❷ John W. Murphy. Review［J］.Social Forces, 1990, 68（4）: 1341.

越他们。这样一来，阿格尔是自我有意识地站在"主流"之外。作为一个人文学者，一个马克思主义者，阿格尔力图将科学从实证主义中拯救出来，这种拯救开始于把科学的写作视为一种修辞计划，从而不再声称科学拥有本体论和认识论的特权。❶科塞（Lewis A. Coser）对阿格尔所持有的在当代资本主义的衰落社会中，几乎不可能去为非学术性读者写作严肃的批判性书籍的看法表示赞同。这是因为挑战性思想的生产和接受都面临着多种障碍，以致真正的对话几乎衰败了。然而，激进思想者的责任是冲破现行存在于作者和公众之间的种种藩篱。后现代主义忽视了对文化广泛衰落的抨击，没有揭露资产阶级读写世界中的缺陷和腐败。科塞强调，在美国社会学界，只有阿格尔和少数思想者在维护真诚，高举批判大旗，抵抗写作市场和学术中的腐败。❷

其三，称赞阿格尔最成功的地方在于述评了女权主义。墨非表示，阿格尔令人信服地指出了女权主义者很容易被误导的原因在于，她们缺少理论平台，从而像其他支持解放的人们一样不能认识到，努力获得话语权并不必然要放弃社会正义。简而言之，没有斗争，压迫者不会放弃权力，但他们常常愿意让步，以免出现革命。墨非建议，那些对当代社会理论感兴趣的人应该参阅《快速资本主义：关于意义的批判理论》一书，因为该书讨论了马克思主义在20世纪90年代的发展趋势。同时，该书也表明话语不仅仅是结构性强制，还可以被视为理性秩序和进行压迫的基础。因此，阿格尔对理解语言在创造社会秩序和颠覆意识形态中的作用提供了新思路。❸沃德尔还指出，虽然阿格尔的理论对读者也有较大的挑战，但它也具有刺激性和清新感。❹

在积极评价阿格尔"快速资本主义"相关思想学术贡献的同时，他们也指出阿格尔"快速资本主义"思想存在的理论局限。概括地说，主要有以下两个方面。

第一，阿格尔似乎忽视了其所讨论的理论只是重新组合了一些社会学话语。鲍尔达斯（Bernd Baldus）认为，阿格尔明显抛弃了与阶级无关的话语，

---

❶ Joseph W. Schneider. Review［J］.Contemporary Sociology, 1991, 21（6）: 739-740.

❷ Lewis A. Coser. Review［J］.Contemporary Sociology, 1992, 24（6）: 283-284.

❸ John W. Murphy. Review［J］.Social Forces, 1990, 68（4）: 1342.

❹ Mark Wardell. Review［J］.Contemporary Sociology, 1991, 20（2）: 322.

有其自身所反对的相对主义倾向。❶墨非表示，阿格尔在《快速资本主义：关于意义的批判理论》中最不成功的地方在于，他把后现代主义当作一种理论陪衬，这样做是基于像伊格尔顿那样的马克思主义者的看法，从而把德里达、德曼和巴特尔看作颠覆文化、招致无政府主义、挫伤集体行动的人。这样，阿格尔就没有充分地评价后现代主义。❷曼宁（Peter K. Manning）对阿格尔在《快速资本主义：关于意义的批判理论》中所表达的看法持有诸多异议。他的结论是，阿格尔既未能展示一种系统的方法，也没有提供一种清晰的理论，从而是一个完全的反实证主义者。他还认为阿格尔是一个深受阿多诺、哈贝马斯和马尔库塞的文学和美学理论影响的带有哲学气息的马克思主义社会学家。至于阿格尔对实证主义的批判，曼宁也不以为然，因为实证主义在美国社会科学中拥有特定的主流地位。批判实证主义，既不是一种理论，也不是批判资本主义的基础。❸

第二，阿格尔的理论风格是艰涩而不清晰的。黑兹里格虽然证实阿格尔的学术观点已引起了不俗反响，但他对阿格尔的写作风格也提出了异议。他坦言，按照学科的通行标准来说，阿格尔的写作因为缺乏学术规范而十分不佳。❹施奈德也指出阿格尔书中的句子冗长，具有与"期刊科学"相类似的过于表面化的特征，让人阅读起来十分吃力。如果不熟悉社会理论中的文学与修辞，很可能会被阿格尔弄糊涂，而非受到启蒙，这是一种遗憾。❺曼宁在评论阿格尔的《快速资本主义：关于意义的批判理论》一书时同样指出，书中句子冗长，还常常使用一些晦涩的词汇和新造词语。阿格尔所说的激进阐释学，既不激进也不是阐释学。该书完全地表明阿格尔对受侵蚀的反理智的后现代社会的愤怒。科塞也承认，清晰性确实不是阿格尔的文风特征。阿格尔的写作，用法国人的话来说就是"在用脚写作"。阿格尔多次谈到当代美国写作的衰落，由于他对自我写作风格的苛责，只能导致人们认为他的语言是自我指涉的。美

❶ Bernd Baldus. Review [J] .The Canadian Journal of Sociology, 1999, 24（3）: 428.

❷ John W. Murphy. Review [J] . Social Forces, 1990, 68（4）: 1343.

❸ Peter K. Manning. Review [J] .Contemporary Sociology, 1990, 19（6）: 912–914.

❹ Lawrence E.hazelrigg. Review [J] .Social Forces, 1991, 70（2）: 557.

❺ Joseph W.Schneider. Review [J] .Contemporary Sociology, 1991, 21（6）: 739–740.

国的文化确实存在种种弊病，但阿格尔也未提出完美的解决办法。❶

较之国外学界，国内学界，尤其是上海社会科学院思想文化研究中心的马驰、胡俊等学者，虽然在评介阿格尔的文化研究思想时没有直接论述阿格尔的"快速资本主义"思想，但对这个论题也有所涉及。❷

马驰等学者大致述评了阿格尔的文化研究观。马驰专门用两篇文章述评了阿格尔的文化研究观。在第一篇述评阿格尔文化研究观的文章中，马驰认为，阿格尔所主张的文化研究应该"去阿基米德主义"，从而反对西方实证主义的文化研究；文化评判的标准是某些实证的人类需求的虚假性；不完全赞成法兰克福学派的文化精英主义立场，相信文化批评❸有助于培养差异和挑战，揭露晚期资本主义中"幻想的客观语境"；文化研究特有的任务就是表明经验和存在的不同模式的可能性。❹马驰在另一篇文章中继续指出，阿格尔的文化研究更为政治化。阿格尔反对把文化研究变成一种空洞的方法论，从而提出了文化研究的去经典化、去学科化，认为没有单一的文化研究形式，指出学院化的研究方式使文化研究致命地偏离了政治参与。阿格尔倡导的文化研究不仅有助于我们对后现代性经验去神秘化，也有助于解构后现代，从而实现现代性方案。❺

马驰还指出，阿格尔认为生活世界之外没有理论，唯有在生活世界中才能形成各种观点，而这些观点是政治斗争社会经验必不可少的一部分。阿格尔从这一理论立场出发展开对肯定性后现代主义的批判，倡导文化研究回归政治，开启了两种"生活世界理论"的当代对话。❻在评介阿格尔的文化研究观上，胡俊认为阿格尔一向反对划定一片对文化研究的认知领地，因为这片领地变化太快。今天用来印刷利奥塔理论的初级读本的纸张，几年后就可能被回收利

---

❶ Lewis A.Coser. Review［J］.Contemporary Sociology, 1992, 24（6）: 283—284.
❷ 笔者注意到这些学者将 BEN AGGER. 翻译为本·阿格，实际上也就是本书中的本·阿格尔。
❸ 这里的"文化批评"似应为"文化批判"。类似地，张喜华教授将阿格尔的专著"Cultural Studies as Critical Theory"翻译为"作为批评理论的文化研究"，也似应译为"作为批判理论的文化研究"。窃以为其主要原因在于：综观阿格尔的思想，阿格尔始终坚持的是法兰克福学派的批判理论传统，而非其他文化批评传统；加之阿格尔研究文化的旨趣不在于一般意义上的文化批评，而在于特定意义上的文化批判。在此，笔者同意学者胡俊等人的"阿格尔文化批判理论"的说法。
❹ 马驰.本·阿格的文化研究观［J］.社会科学辑刊, 2010（5）.
❺ 马驰.再论本·阿格的文化研究观［J］.社会科学, 2012（11）.
❻ 马驰.本·阿格对肯定的后现代主义批判及其启迪意义［J］.河北学刊, 2012（6）.

用，用来出版波德里亚的著作或是尚未被发现的很可能是昙花一现的新理论家的著作。由此，我们也不难理解文化研究的所谓前沿的流动性与不确定性。❶

除了考察阿格尔的文化研究观之外，马驰还述评了阿格尔对后现代主义的甄别。他指出阿格尔在把后现代主义区分为肯定的后现代主义和批判的后现代主义的基础上，将前者视为意识形态的后现代主义，将后者视为批评理论的后现代主义。阿格尔从六个不同维度考察了两者的差异，指出前者具有意识形态的虚假性，后者则为文化研究的继续深入点燃了希望之火，从而为我们思考如何走出后现代这一难题提供了深刻的理论启迪。❷ 笔者在论述阿格尔生态学马克思主义思想时对阿格尔"快速资本主义"思想也略有涉及。❸

总体上看，国内外学术界已经注意到阿格尔的"快速资本主义"思想。这不但说明阿格尔的"快速资本主义"思想值得探讨，也意味着此后的阿格尔"快速资本主义"思想研究有了一些可资借鉴的学术成果。尽管国内学者对阿格尔的"快速资本主义"思想有较为直接的论述，但是还不够系统、全面、准确。较之国外已有的相关研究，国内学术界在这方面的研究显得更间接而单薄，其中有些术语翻译和观点解读也值得商榷。鉴于此，笔者力图在吸收借鉴国内外现有研究成果的基础上，立足于阅读阿格尔的英文原著，用马克思主义的立场、观点和方法来进一步全面而深入地探讨阿格尔"快速资本主义"思想，以便为推动阿格尔"快速资本主义"思想研究抛砖引玉。

第二节 研究意义

本书力图在吸收国内外现有研究成果的基础上，进一步全面而深入地探讨阿格尔的"快速资本主义"思想。研究阿格尔的"快速资本主义"思想，除了

---

❶ 胡俊.批判理论的未来在于文化研究与实践意图的结合：论本·阿格的后马克思主义文化批判理论［J］.学习与探索，2013（8）.笔者认为该文将阿格尔视为后马克思主义者，值得商榷。这是因为阿格尔不仅多次声明自己不是后马克思主义者，也明确地反对后马克思主义。尽管阿格尔借鉴了后马克思主义者拉克劳、墨非等人的激进民主思想，但他一直自觉地与后马克思主义保持距离。
❷ 马驰.重新认识后现代主义：本·阿格给我们的启迪［J］.甘肃社会科学，2016（6）.
❸ 笔者2012年完成的博士学位论文中在综述阿格尔生态学马克思主义思想研究现状时，曾涉及阿格尔"快速资本主义"思想的国外研究状况。

可以更深入地考察阿格尔对"快速资本主义"的理解外，还至少具有以下五个方面重要的学术意义和实践价值。

一是有助于我们深入研究阿格尔的中期学术思想。纵观阿格尔的整个学术历程，可以将之大致划分为早期（1975—1984）、中期（1985—2000）、后期（2001—2015）三个时期。❶阿格尔在 1989 年首创了"快速资本主义"这一术语。研究其"快速资本主义"思想，能够较深入地考察阿格尔如何反思美国左派思想被诸多学科，尤其是美国主流社会学所整合的现象；如何提出所有文本具有不确定性和可矫正性的解构观，从而使解读得以重述，而不仅仅只接受其原意；如何坚持主体性和总体性概念，反对后现代主义对这些概念的怀疑；如何坚持批判理论的相对自治，反对企图机械地将其简化为科学；如何吸收批判性的后现代主义者、后结构主义者和女权主义者的有益成果，以扩大马克思主义的研究议程，实质性地转换马克思主义者对科学性、文本性和性别的思考方式。

二是有助于我们深入研究阿格尔的整体学术思想。目前国内学术界对阿格尔学术思想的研究，主要侧重于他的生态学马克思主义思想。毫无疑问，鉴于阿格尔是"生态学马克思主义"这一术语的首创者、生态学马克思主义的主要倡导者、生态学马克思主义流派承上启下的关键人物❷，而备受生态学马克思主义研究者的关注，理所应当。❸但是，阿格尔除了对生态学马克思主义有较深入的研究外，他在继承和发展法兰克福学派的批判理论，检视和借鉴后现代主义、女权主义，解构和建构话语理论，反思和批判资本主义后现代性等方面也有很多建树。我们在阿格尔"生态学马克思主义"思想研究的基础上，进一步研究其"快速资本主义"思想，对从整体上研究阿格尔学术思想而言不无裨益。

三是有助于我们深入研究西方马克思主义的发展历史。阿格尔不仅是生态

---

❶ 申治安.溯源考流、整合重建、辩难驳责——本·阿格尔对西方马克思主义发展所做的积极探索［J］.理论月刊，2012（3）.

❷ 俞吾金，陈学明.国外马克思主义哲学流派新编·西方马克思主义卷（下册）［M］.上海：复旦大学出版社，2002：615.

❸ 从一定意义上来看，在没有充分研究包括其"快速资本主义"思想在内的整个学术思想的情况下，对阿格尔的"生态学马克思主义"思想的研究也是不充分的。

学马克思主义的代表性人物之一，也是北美马克思主义的代表性人物之一，更是西方马克思主义的代表性人物之一。纵观阿格尔的整个学术生涯，我们可以发现他始终关注西方马克思主义的最新进展。在其近四十年的学术历程中，阿格尔不仅有考察西方马克思主义发展史的《西方马克思主义导论》（1979）的专门性叙述，也有《快速资本主义：关于意义的批判理论》（1989a）、《批判性社会理论导论》（1998）等著作中关于西方马克思主义发展的散落性论述。通过研究阿格尔的"快速资本主义"思想，可以更好地发现阿格尔是如何评价西方马克思主义的主要流派在 20 世纪八九十年代的发展境况的，进而为我们深入研究西方马克思主义发展史提供有益参考。

四是有助于我们批判地认识欧美西方资本主义的经济社会发展。欧美西方资本主义社会在"二战"以后，发生了巨大的变化。到 20 世纪八九十年代，一些对资本主义现状持肯定态度的人们，坚持 20 世纪 50 年代的乐观主义，重弹加尔布雷斯（John Kenneth Galbraith）的"富裕社会"、贝尔（Daniel Bell）的"意识形态终结"等资本主义意识形态老调。这些人认为，欧美当代资本主义的发展，带来了琳琅满目的商品、充足富裕的物质条件、沟通即时的新型技术、丰富多彩的生活方式，似乎走出了经济危机的困境。他们热情地欢呼资本主义社会的新发展，而另一些人则批判传统价值的沦丧和社会对个人支配力的加剧。❶ 通过研究阿格尔的"快速资本主义"思想，学术界可以更深刻地批判后现代话语所包括的谴责资本主义社会新发展的文化保守主义和颂扬资本主义社会新发展的文化前卫主义这两种不同取向，从而抓住当代资本主义社会巨变现象背后未变的实质。

五是有助于我们积极地推进马克思主义本土化、时代化、大众化的研究。对于北美马克思主义发展的欧洲中心主义倾向 ❷，固守马克思主义词句而罔顾资本主义发展现实的做法 ❸，欧美国家的马克思主义不去很好地走近大众的现

---

❶ ［美］道格拉斯·凯尔纳，斯蒂文·贝斯特.后现代理论：批判性的质疑［M］.张志斌，译.北京：中央编译出版社，2004：17.

❷ ［加］本·阿格尔.西方马克思主义概论［M］.慎之，等译.北京：中国人民大学出版社，1991：416.

❸ BEN AGGER.Fast Capitalism：A Critical Theory of Significance［M］. Champaign：University of Illinois Press，1989：4.

象❶，阿格尔一贯持反对态度，积极主张马克思主义要北美化、时代化、大众化。这些观点在阿格尔"快速资本主义"思想中也有表现。通过相关研究，我们可以从中借鉴一些有益的思想资源，批判其中的错误之处，从而更好地推进马克思主义中国化、时代化、大众化研究，进而为 21 世纪中国马克思主义的发展作出贡献。这正如邓小平所指出的："我们要有计划、有选择地引进资本主义国家的先进技术和其他对我们有益的东西，但是我们决不学习和引进资本主义制度，决不学习和引进各种丑恶颓废的东西。如果发达的资本主义国家摆脱了资本主义制度，它们的经济文化肯定还会有更大的进步。所以资本主义国家中一切要求社会进步的政治力量也在努力研究和宣传社会主义，努力为消灭资本主义社会的各种不公道、不合理现象直至实现社会主义革命而斗争。我们要向人民特别是青年介绍资本主义国家中进步和有益的东西，批判资本主义国家中反动和腐朽的东西。"❷

第三节　研究内容

本书着重研究阿格尔的"快速资本主义"思想。为了更准确地限定本书的研究对象，这里对阿格尔所说的"快速资本主义"的内涵加以明确的交代。"快速资本主义"这个术语由阿格尔在 1989 年首先使用，其含义主要是指那种处于其中的文本与其描述对象之间的边界日益模糊，资本主义意识形态日益弥散而越来越不容易对之加以批判的后现代资本主义社会。❸

到了 21 世纪初，阿格尔认为随着经济全球化、信息社会化、政治多极化、文化多元化的纵深推进，北美资本主义社会有了新变化。这种新变化的根本特征就在于，后现代资本主义的社会节奏较以往变得更快。为此，他提出了"快速资本主义再加速"的观点，对"快速资本主义"这一术语的内涵加以拓展。

---

❶ BEN AGGER.Fast Capitalism：A Critical Theory of Significance［M］. Champaign：University of Illinois Press，1989：10.

❷ 邓小平 . 邓小平文选（第二卷）［M］. 北京：人民出版社，1994：168.

❸ 参见阿格尔在 1989 年出版的专著《社会（存在）学：学科解读》（Socio（onto）logy：A Disciplinary Reading）第 1 页的解释。

"再加速的快速资本主义"尽管还保留了"快速资本主义"的一些内涵，但严格说来不再像"快速资本主义"那样主要侧重于后现代资本主义意识形态方面，而是指生产、广告、购物、交往，甚至孩提时代都在进一步加速的资本主义社会。❶ 简而言之，"快速资本主义"与"再加速的快速资本主义"，是两个既有区别也有联系的概念，不可将它们加以混淆。

　　鉴于以上分析，本书研究的是阿格尔的"快速资本主义"思想，而不是阿格尔的"再加速的快速资本主义"思想。具体地说，本书着重立足于解读阿格尔的原著，主要采用文献分析法，着重探讨阿格尔关于后现代资本主义文化批判及平等对话共同体构建的思想。❷

　　本书除结论外，共用五章内容来探究阿格尔"快速资本主义"思想。第一章简述了阿格尔"快速资本主义"思想研究的现状、意义与内容。第二章着重论述"快速资本主义"的提出动因、出场方式及内涵界定。第三章着重论述阿格尔对"快速资本主义"的文化批判。第四章着重论述阿格尔对"快速资本主义"变革路径的深入思考。第五章着重论述阿格尔对超越"快速资本主义"的对话构想。结论部分简要总评阿格尔"快速资本主义"思想的理论得失。

---

❶　参见阿格尔在 2004 年出版的专著《虚拟的自我：当代社会学》(*The Virtual Self: A Contemporary Sociology*) 一书第 174 页的注解。
❷　从学术研究的角度看，依托一手文献往往比利用二手文献更具有解读的可靠性。

第二章 "快速资本主义"出场

阿格尔对后现代资本主义的思考，或者说就是对其所称呼的"快速资本主义"的探讨，是从解构当下美国实证主义主导的社会学理论着手，呈现了批判性书籍及其相关文化的衰落趋势，展现了资本主义意识形态在日常生活中的弥散，强调了从事批判性读写实践在日常生活中的极端重要性。鉴于阿格尔为何提出"快速资本主义"、如何提出"快速资本主义"、如何界定"快速资本主义"，是探讨"快速资本主义"出场的三个基本问题，本章就着重揭示"快速资本主义"的提出动因、出场方式及内涵界定。

第一节 书籍文化的衰落化

20世纪八九十年代，阿格尔注意到在后现代资本主义社会里具有批判性的公共书籍（Public Books）[1]及其相关的批判性文化日益衰落。在他看来，公共书籍的衰落虽非绝对的现实，却也是不可忽视的一种现实趋势。[2]也就是说，公共书籍，尤其是传统的纸质书籍，虽然不仅有封面、标题、内容，也被人们购买或借阅，但不可否认的是，这样的书籍越来越少。这直接促使阿格尔透过批判性公共书籍衰落的现象去发掘其背后的本质，进而追问后现代资本主义的话语特征及其总体性的支配逻辑。批判性公共书籍的衰落化，是阿格尔提出"快速资本主义"的直接动因。

---

[1] BEN AGGER.Fast Capitalism：A Critical Theory of Significance［M］. Champaign：University of Illinois Press，1989：18. 阿格尔这里所说的公共书籍，实质上是指体现了公共价值的批判资本主义的各种书籍，而非一般的书籍，更不是阿格尔所反对的服务于资本主义的那些书籍。

[2] BEN AGGER.Fast Capitalism：A Critical Theory of Significance［M］. Champaign：University of Illinois Press，1989：1.

一、公共书籍的匮乏

阿格尔悲叹作为传统的文本而介入社会的公共书籍，当下只有在一些书店和图书馆中才能被发现。也就是说，批判性书籍，除了在一些稀少的大学中，几乎已经丧失殆尽。如同拉塞尔·雅各比（Russel Jacoby），阿格尔也认为在"快速资本主义"的"学术时代"，对知识衰落的批判不再为像写作了《美国精神的封闭》的艾伦·布卢姆（Allan Bloom）那样的保守分子所独有。❶

阿格尔一针见血地指出，资本主义社会的大学里那些努力的教职人员在奋力撰写几乎连他们自己都难以理解的论文，以获取职称。那些人在完成这样的活动时，只是为了丰富个人的简历内容，至多是博得个人的声誉。即使是以前主要发行专门的学术专著的大学出版社，现在也感到生存压力，被迫去出版面向一般读者的畅销书，从而导致了批判性书籍的进一步衰落。阿格尔认为，很少有人在别样地思考"快速资本主义"时却不是唯心主义者，只有约翰·奥尼尔（John O'Neill）、拉塞尔·雅各比等少数人反对把他们的批判理论归结为方法。人们不可能对自己被如何解读负全部责任，但是人们可以对自己如何被接受做一些考虑。❷ 流行的做法是笼统地拒绝政治，认为它是肮脏的工作而不适合于生活在其中的人们。不过，从人们将自我投身于后现代资本主义文本性作用的争论之中这个意义上来说，关于公共书籍写作的争论正在激进化。❸ 尽管这对那些相信批判理论过于阴郁而完全是心灰意冷的左派来说，这似乎是无法想象的，因为一些左派人士甚至提出了一种关于当下资本主义更为悲观的看法。

结合自己在大学任教的工作实际以及研究旨趣，阿格尔认为在欧美资本主义社会中，尽管有像哈贝马斯那样的左翼人士不屈不挠地维护着现代性的解放事业，应对来自反现代主义和后现代主义的双重批评，为人们如何把理性、启

---

❶ 布卢姆在该书的扉页上直言其对美国高等教育的不满，认为美国高等教育导致民主的失败和大学生心灵的枯竭。参见：艾伦·布卢姆.美国精神的封闭［M］.战旭英，译，南京：译林出版社，2011.

❷ BEN AGGER.Fast Capitalism：A Critical Theory of Significance［M］. Champaign：University of Illinois Press，1989：98.

❸ BEN AGGER.Gender, Culture and Power：Toward a Feminist Postmodern Critical Theory［M］. Westport, CT：Praeger Publishers，1993：13.

蒙和社会正义崇尚为批判性社会理论的中心价值指明了道路，但是左派的右翼、保守的右翼等各种反动势力放弃了现代性的解放事业，转而支持各种各样的非理性主义和极权主义。"所谓政治正确的当代狂热，反映了自由主义者和保守主义者对激进左派的焦虑与不安，在大学中已经存在一场与维护旧制度的企图而进行的斗争。尽管主张学术的左派也在迅速发展，但其颠覆了左派的独立思想，各种狭隘的思想空前弥散。"❶ 这种现状触发了阿格尔的深思。

二、"快速资本主义"的出现

阿格尔指出，当文本与世界之间的边界迅速消解时，批判性公共书籍开始衰落，也就出现了他所说的"快速资本主义"。阿格尔认为，在货币、科学、高楼及数字成为"文本"而起到意识形态的作用时，批判性写作的意义也出现了被贬黜的趋势，从而不但招致广泛的顺从，而且阻碍了那种由人们处于超然态度所揭示世界的批判性公共书籍的出现。阿格尔之所以希望批判性公共书籍存在，不仅因为他注重知识分子文化，还因为他所说的批判性公共书籍或者说传统的文本能够超然于它所面对的世界，以便保存可能的批判性乌托邦想象力。这在后现代资本主义社会中极其重要。

通过借鉴马克思主义、法兰克福学派的批判理论、女权主义及后现代主义的解构思想等各种最近的解释理论和文化批判理论，阿格尔从字面与比喻这双重意义理解了批判性公共书籍，视之为进行批判资本主义社会的重要媒介，进而可以更好地思考后现代资本主义。但是，阿格尔也注意到，在后现代资本主义社会里人们没有很好地理解和发展马克思主义、批判理论、女权主义和解构思想，使得这些理论都存在丧失思考世界从而表现为批判世界能力的危险。"它们日益仅仅成为标语、规范、学派、委员会和课程，不管出自何人之口，都是一样，任何人都可以利用它们。"❷

❶ BEN AGGER.Gender, Culture and Power: Toward a Feminist Postmodern Critical Theory [M]. Westport, CT: Praeger Publishers, 1993: 7.
❷ BEN AGGER.Fast Capitalism: A Critical Theory of Significance [M]. Champaign: University of Illinois Press, 1989: 4.

资本主义的节奏在 20 世纪八九十年代加快了，传统文本之中的批判性含义也逐渐减少了，从而让传统文本自身变成了类似于自然存在的物体。在阿格尔看来，这就像初期的法兰克福学派所理解的是其特征为管制的资本主义社会的本质，或者是哈贝马斯所说的生活世界殖民化。后现代资本主义借助于把人们的各种行为加以商品化和客体化，将其纳入等价交换的规则中，从而在经济上维持自身。阿格尔承认他自己极力对主流社会科学实证主义的批判性解读，就像马克思把众所周知的作为客体化媒介的货币加以解读一样。❶ 在"快速资本主义"社会里，资本主义的节奏加速从而导致无批判的思维不再经过民主的交谈及批判性文本的话语中介去深入地思考这个世界。

针对后现代主义批判性公共书籍衰落的趋势，阿格尔在提出"快速资本主义"这一术语的同时，又以马克思对异化的批判和对一个更好社会的框架性构想为前提，建构了一种用以批判和超越"快速资本主义"的关于意义的批判理论。如同很多女权主义者，阿格尔也认为马克思主义常常忽视作为一种价值战场的再生产领域。类似法兰克福学派理论家哈贝马斯和一些文学理论家所暗示的针对意识形态问题的文本性理解，阿格尔也极力把文化与性别解读为其自身就是完全的物质性力量。仿照米歇尔·福柯（Michel Foucault）对社会支配也就是社会惩戒的理解，阿格尔解读了实证主义文化。

借助于后现代主义和女权主义的思想资源，阿格尔解读了包括货币、科学、高楼及数字在内的一整套话语是如何在物质上和政治上生根的。同时，阿格尔揭示了再生产对所谓有价值的生产领域活动的从属性，以此作为理解文本性衰落的一种方式。❷ 这样一来，阿格尔通过那种警惕自己不能滑入西方主流二元主义及其致命的价值等级制的马克思主义和女权主义，从而提出了一种关涉"快速资本主义"的意识形态批判理论。

总之，对批判性公共书籍衰落趋势的感叹，激发阿格尔提出了"快速资本主义"这一术语，以便把文本的物质性本质理解为支撑后现代资本主义社会支

❶ BEN AGGER.Fast Capitalism：A Critical Theory of Significance［M］. Champaign：University of Illinois Press，1989：6.

❷ BEN AGGER.Fast Capitalism：A Critical Theory of Significance［M］. Champaign：University of Illinois Press，1989：24.

配的一个关键因素，从而既要揭露后现代资本主义社会中的新型物质化的意识形态"文本"，也要以批判性文本的对话民主原则来构想一个更加美好的社会。虽然阿格尔没有像约翰·B. 汤普森（John B. Thompson）❶、道格拉斯·凯尔纳（Douglas Kellner）❷ 等人那样很好地从电子媒介出现的文化传播视角来探讨后现代资本主义社会的文化嬗变，但他也看到了各种文化符号正在强力摧毁传统的边界，从而导致批判空间的暗中萎缩和潜在削弱。

第二节　解读美国的社会学

"快速资本主义"这一术语，是阿格尔在 1989 年首先使用的。阿格尔在 1989 年先后出版了《快速资本主义：关于意义的批判理论》（1989a）、《解读科学：文学的、政治的、社会学的分析》（1989b）、《社会（存在）学：学科解读》（1989c）三本专著。从这三本专著出版的时间顺序看，可以发现"快速资本主义"这一术语在形式上首次出现于《快速资本主义：关于意义的批判理论》（1989a）这本专著中，但是《社会（存在）学：学科解读》（1989c）书稿完成于 1985 年且也使用了"快速资本主义"一词 ❸，以及该书以《快速资本主义：关于意义的批判理论》书名的副标题"关于意义的批判理论"作为结尾话题这三个事实看，"快速资本主义"这一术语在实质上应首先出现于《社会（存在）学：学科解读》（1989c）一书。阿格尔于 1989 年出版的这三本专著在主题上具有相关性与连贯性，都强调后现代资本主义社会中的文本性及其解放问题，实质上也就是对后现代资本主义的文化批判或社会文本批判的问题。

"快速资本主义"的出场方式，体现为阿格尔对欧美当代资本主义社会占据主流地位的实证主义社会学的学科性及其惩戒性的批判性解读。阿格尔之所以首选将社会学作为"麻雀"来加以解剖，是因为社会学是他本人所从事的教

---

❶ ［英］约翰·B. 汤普森. 意识形态与现代文化［M］. 高铦，译. 南京：译林出版社，2019：174.

❷ ［美］道格拉斯·凯尔纳. 媒体文化：介于现代和后现代之间的文化研究、认同性和政治［M］. 丁宁，译. 北京：商务印书馆，2013：10.

❸ BEN AGGER.Socio（onto）logy: A Disciplinary Reading［M］.Champaign: University of Illinois Press, 1989. 可以参阅此书的致谢部分。

育教学专业，相对更为熟悉。在此基础上，可以进一步对当代资本主义社会中的实证主义科学加以类似的解读，指出实证主义科学其实也是一种隐蔽的政治理论。

众所周知，在欧美社会学发展史上，美国学者尼科尔斯·穆林斯（Nicholas Mullins）早在 20 世纪 70 年代就提出了一种把理论或理论分类加以确认的方式。随后，美国大多数规范的社会学入门性教材，均把社会学理论分类为结构功能主义、符号互动主义及冲突理论。面对这种三分法，阿格尔坚持强烈的反对态度，因为在他看来这一做法不仅把冲突理论、马克思主义及其他理论混为一谈，也忽视了像女权主义这样的理论。因此，无论如何，这种理论分类是很武断的。阿格尔还指出，其实不应该把知识视角确认为理论。比如，理性选择理论与其说是一种充分的理论，不如说是一种经验视角。同样，人们可以认为人种学方法论实质上也是如此。与美国主流社会学理论三分法针锋相对的是，阿格尔把社会学理论分为实证主义理论、阐释学理论和批判性理论。

在《社会（存在）学：学科解读》一书中，阿格尔自创了一个术语"soci（onto）logy"作为书名的主标题，笔者在这里把 soci（onto）logy 翻译为"社会（存在）学"❶。该术语字面上包含了两层含义，一层是指社会学，一层是指社会存在论。仅仅注意到这两层字面含义远远不够，原因在于，该书副标题中的"Disciplinary"❷是个双关语，也有两层含义，一是指"学科的"，二是指"惩戒的或规束的"。因此，"Socio（onto）logy：A Disciplinary Reading"就蕴藏

---

❶ 这不禁让人联想到从社会存在本体论的角度来研究意识形态理论的匈牙利哲学家卢卡奇晚年的巨著《社会存在本体论》（1971）。其实，阿格尔延承了卢卡奇等人开创的意识形态批判的理论传统。

❷ 在使用该术语时，阿格尔本人明确地表示他受到了法国著名思想家米歇尔·福柯的重要著作《规训与惩罚》的影响。"Disciplinary"这个术语的词根是"discipline"，而 discipline 又是《规训与惩罚》的核心概念。国内学者刘北成、杨远婴在翻译福柯的《规训与惩罚》时，在译者后记中专门谈到了对福柯在该书中所使用的 discipline 的理解。他们指出，在西文中，discipline 这个词既可以作名词使用，也可以作动词使用；它具有纪律、教育、训练、校正、训诫等多种释义，还有"学科"的含义。福柯正是利用这个词的多词性和多义性，赋予它新的含义，用以指代近代产生的一种特殊的权力技术，而这种权力技术既是权力干预、训练和监视肉体的技术，又是制造知识的手段。福柯认为，规范化是这种技术的核心特征。福柯对 discipline 的强调，显然是为了突出这一术语。基于这种情况，可以看到在一些谈到福柯的文章或译文中关于这个术语有各种各样的译法，有的翻译为"纪律"，但也有的翻译为"戒律"或"训诫"。根据刘北成、杨远婴对福柯的《规训与惩罚》的理解，尤其是他们考虑到福柯把"规范化"看作现代社会权力技术的核心，也便于名词和动词之间的转化，他们把福柯所说的 discipline 翻译为"规训"。

着丰富的内涵。笔者认为它至少包括六个层面的含义：（1）对社会学的学科解读；（2）对社会存在的学科解读；（3）对社会学的惩戒性解读；（4）对社会存在的惩戒性解读；（5）社会学对社会存在的规束；（6）社会学与社会存在的双重规束。

在阿格尔看来，美国主流社会学的实证主义倾向，严重地规束（discipline）了辩证的想象力，这也反映和再生产了"快速资本主义"社会规束的其他类型。揭露"快速资本主义"社会规束的一种重要方式，就是考察当下主流社会学的书写实质，看看当下主流社会学是为何以及如何压制自身的叙事以回避历史的激进变革。"这并不是说社会学很了不起，而是说它体现了一种学术时代的学科自负。不过，每一种强化了实证主义话语的文化都要接受解读。"❶阿格尔通过把社会学解读为马克思主义所说的意识形态话语，希望展示一种适用于"快速资本主义"中各种话语解读的文本批判方式。

阿格尔追溯了美国主流社会学的实证主义来源，指出自启蒙运动以来实证主义社会科学就出现了。奥古斯特·孔德（Auguste Comte）将自己所创造的新词"社会学"理解为"社会的物理学"，以描述类自然的社会规律，从而不仅把存在凝固为存在论之冰，也把诸如资本主义、种族主义、性别歧视及对自然的支配描绘为不可避免的及必要的结果。埃米尔·涂尔干（Emile Durkheim）在《社会学方法规则》一书开篇中对"社会事实"进行了讨论，这随后也成为社会学实证主义的基础性文献，暗示人们必然遭受命运的摆布。甚至像后来的马克斯·韦伯（Max Weber）提出了人们在科学研究时可以保持价值中立。阿格尔指出，在美国社会学界乃至整个学术界，绝大多数的所谓社会学家都接受了由孔德、涂尔干、韦伯这样的社会学创建者所确立的社会学学科身份的可分离性及其领地边界。❷

阿格尔认为在美国的主流社会学界，专业化已经成为高度分化的学科发展的主要特征。也就是说，学科日益分化为专门的领域、方法、理论及制度导

---

❶ BEN AGGER.Socio（onto）logy：A Disciplinary Reading［M］.Champaign：University of Illinois Press，1989.：1.

❷ BEN AGGER.Socio（onto）logy：A Disciplinary Reading［M］.Champaign：University of Illinois Press，1989：5.

向。阿格尔承认专业化在很重要的方面民主化了科学与知识，不反对学科专业化本身，而是认为知识分子不应把专业化视为完全的学术目标。这是因为从跨学科的批判性社会理论视角看，这些知识分子将视野局限于社会学这一学科，从而无法实现对社会的综合性理解。但实际情形恰恰是，专业化与实证主义自孔德、韦伯以来就如影随形。这些社会学的创建者们相信，通过模拟像物理学那样的"硬"科学，他们会在大学里把刚出现的社会学这一学科合法化。

对于美国实证主义社会学家，阿格尔讽刺他们一边通过强调社会学与硬科学在量化方法上的类似性，一边强调社会学应该实现所谓的政策应用以获取资助而支持社会学的学科化。实证主义社会学家宣称，社会学可以向政府就健康关怀、老龄化、社会福利、工作、家庭及犯罪等领域的政策制定提供建议。❶这样，社会学通过强调它在现实生活中的应用而为自己铺平了道路。相应地，美国的很多实证主义期刊所刊发的文章，以公式化地简短描述相关政策建议作为结论。这就导致所谓的政策分析既使国家机器中的社会学合法化，也避免社会学成为一种更激进的政治话语，从而有助于后现代资本主义缓解社会问题，进而避免全面的社会变革。

阿格尔还注意到与专业化相伴的是，包括很多社会学家在内的美国自由主义的实证主义者拒绝各种不合乎其理论标准的理论异端，严守他们认为应该保护的社会学事业，以防止那些要把社会学及社会科学加以政治化的不合常理之人的破坏。这些职业社会学家，把诸如马克思主义、批判理论、左翼女权主义，甚至是后现代主义之类不遵从所谓价值中立之量化经验主义规范的各种研究及思想加以边缘化，即使这些理论支持严格分析、客观性、专业化甚至是学科性。批判的社会理论家不同于职业化实证主义社会学家的地方在于，他们中的大多数人尖锐地指出知识的目标是启蒙进而是解放，而不是提高个人的职业声望或发展个人学问。批判的社会理论家拒绝把他们自己的工作暗喻为孔德的硬科学模型，因为他们认为实证主义取消了历史性及大规模社会变革的可能性。批判的社会理论家很坦然地面对被他们视为关心政治的人，他们十分同意霍克海默和阿多诺在《启蒙辩证法》中的看法：声称价值中立实际上是所有价

❶ BEN AGGER.Socio（onto）logy: A Disciplinary Reading [M].Champaign: University of Illinois Press, 1989: 6.

值观中最牢不可破的价值立场，从而把当下现实支持解读为社会存在的丰富性以否认对未来的构想。

在阿格尔看来，美国的诸多主流职业社会学家之所以支持这种实证主义，是因为他们认为自然科学家、心理学家、经济学家们已经把自己研究的学科与实证主义纠缠在一起而不可分离。当社会学日益被具有成本意识的大学管理者视为倒退至美国社会学家卷入反越战争及公民权利运动的 20 世纪 60 年代时，一些美国社会学家主张社会学在自然科学的影响下必须更具科学性，并以科研资助为导向以便获得专业合法性。还有一些人认为专业化将拯救社会学系，是因为他们希望大学获得赞助，相信专业化可以应用到社会领域及公共政策之中。

面对这些现实，阿格尔虽然不反对获得学科资助，同意社会学与公共政策具有相关性，但是他批评这种社会学的专业化模式助长了社会学研究中的实证主义。❶ 在阿格尔看来，社会学家越是模仿自然科学家所采取的价值中立方式来理解知识，他们就越不能认可社会发展的宏大叙事，从而无法在新社会运动理论框架中获得对社会激进主义的洞见。由此也可以明白，那些在社会学学科层面希望提高其专业化水平，从而提高其组织地位的实证主义社会学家，之所以反对社会学学科的政治化，是因为在财政紧张年代学科政治化会加剧社会学的衰落。这就意味着，所谓价值中立的实证主义社会科学，已经不再关心激进的政治。换而言之，这也意味着信仰实证主义的社会学家的最重要的目标是获得所谓的合法性，从而崇尚顺从主流并反对激流勇进。

继承了法兰克福学派实证主义批判传统的阿格尔坚信，价值中立的实证主义社会学借助于打算只是再现非历史的及合"规律"性的模式，然后把这些模式一般化为资本主义现代性的社会宿命，从而肯定了目前的社会秩序。这样一来，表面上价值中立的实证主义社会学，实际上不仅隐蔽了自身的政治立场，还因为它假装回避价值从而强化了现实。同时，尽管阿格尔也把合法性估价为一种获得政治及知识影响力的方式，但是他不把实证主义合法性看作最高的、最重要的学科目标，尤其是当实证主义和真理发生冲突的时候。换句话说就

---

❶ BEN AGGER.Critical Social Theories：An Introduction ［M］.Boulder：Westview Press, 1998：12.

是，阿格尔所崇尚的职业能力及学科合法性，意在批判地洞见及随之而来的社会变革。

　　理想与现实之间，往往存在巨大的落差。阿格尔也清醒地看到，美国的主流社会学规束性地对待带有反对实证主义色彩的法兰克福学派的批判理论。以哈贝马斯的交往理论为例，阿格尔对此作了一个说明。他指出，哈贝马斯的相关立场，已经清晰地表现在其《交往行动理论》导论中，那就是批判理论需要注意自己在大学中的合法性，因为这不仅关乎批判理论获得专业认同，还涉及批判理论获得声誉与接近权力的机会。哈贝马斯作为西方马克思主义者，考虑到制度整合与政治吸纳的巨大力量，认为像阿多诺那样远离主流社会学的理论立场已经不再灵活有效。

　　阿格尔深知哈贝马斯为了其自我理解而掌握了很多传统学科的话语，从而既不希望自己被看成专业化的社会学家，也不希望在传统学科中过多考虑其思想。哈贝马斯认识到，他的导师因像尼采等人那样拒绝遵从有组织学术的游戏规则而丧失了学术合法性。❶ 不可否认的是，美国主流的社会学家虽然不同意哈贝马斯源自法兰克福学派对马克思主义修正的基本政治立场，但他们已经开始解读并评价哈贝马斯对揭示其所说的系统与生活世界之间关系所做的努力。同样不可否认的是，虽然《交往行动理论》涉及帕森斯、涂尔干及交谈行动理论，但哈贝马斯以其术语进入主流社会学理论的努力也已经结出硕果。虽然这些硕果被新功能主义及其他学者认可和引证，并与哈贝马斯进行理论对话，但是《交往行动理论》仍是被美国主流社会学低估的作品。

　　在《快速资本主义：关于意义的批判理论》（1989a）、《解读科学：文学的、政治的、社会学的分析》（1989b）、《社会（存在）学：学科解读》（1989c）等专著中，阿格尔不仅解读了占据美国社会学主流地位的实证主义社会学，描述了美国主流社会学的学科霸权、驯化左派、镜像再现，以及社会学写作方式的去作者化（deauthorization）、政治目的的隐蔽化等弊端，还解读了实证主义科学。

　　在阿格尔看来，实证主义科学根本不想去改造世界，而只是再现世界，充

---

❶　BEN AGGER.Socio（onto）logy: A Disciplinary Reading［M］.Champaign: University of Illinois Press, 1989: 24.

其量也只是去认识世界。虽然科学一直很重要，但它现在与货币比肩，成为"快速资本主义"的主要社会支配文本。在"快速资本主义"社会里，尽管所有劳动仍然是以货币为中介而丧失自我，但是实证主义科学不再呼吁人们像马克思那样去解读货币，更不用说再把货币解读为相应的文本。也就是说，"几乎没有什么事情能够把科学解读为一种被弥散的产生了其自身的文本，对之加以解码从而揭露其是如何塑造了整个外部环境的"❶。实证主义科学作为文本，强制人们服从那个已经被它本体化为类自然之物的资本主义世界。可以说实证主义科学在其本体化的过程中，也再生产了一种社会存在法则。

在"快速资本主义"社会中，实证主义科学掩蔽了自己的意图，把自身转换为一种压制想象力的主要生活方式。不仅如此，科学在掩蔽自身的诡计时还诱发那种以它们自己的冷漠思想所塑造的世界。实证主义科学成为意识形态，把历史变得更像是自然存在。受实证主义科学影响，人们对资本主义社会的描述几乎丧失了自身与之应保持的距离而仅仅是屈从。如同拉塞尔·雅各比，阿格尔也认为"快速资本主义"社会中几乎没有人再去写作关于公共领域与私人领域辩证关系的公共书籍。在日常生活的欠思考的陈规陋习中，实证主义科学压制了思考，进而指令一种价值法则。任何事物在那种价值法则下都从属于生产性活动，包括它们自己在保护资本主义免于自身困境时而发挥重要作用的再现。❷当"快速资本主义"不希望人们去写作，而只是去生存、去屈从的时候，实证主义科学的弱点恰恰成为它的优势，并在其所诱发的现实中得以证实。

阿格尔不仅一般性地抨击了实证主义科学，还概述了实证主义科学对批判性的后现代主义和左翼女权主义等理论的强烈厌恶。他指出，在实证主义科学家遭到后现代主义的挖苦后，他们就拒绝了后现代主义。这不仅因为后现代主义挑战了实证主义科学的"照相似再现观"，还因为后现代主义挑战了实证主义科学的科学性。具体地说，作为一种难懂的有时甚至是有趣的话语的后现代主义，挑战了实证主义的再现性话语。后现代主义者认为，词语不能完全清晰

❶ BEN AGGER.Fast Capitalism：A Critical Theory of Significance［M］．Champaign：University of Illinois Press，1989：52.
❷ BEN AGGER.Fast Capitalism：A Critical Theory of Significance［M］．Champaign：University of Illinois Press，1989：53.

地或明白地再现世界，其原因在于当词语在厘清一些意义的时候，又掩蔽甚至搞乱了一些意义。这就意味着解读者及写作者都必须认识到，用词的选择不仅传达了写作者的价值观，也反映了解读者的价值观。后现代主义者还认为，对于真正具有跨学科性的论题及方法，人们可以像人类学者那样对文化及性别进行交叉学科研究。❶ 在此意义上，后现代主义又威胁了实证主义科学的科学性。

在实证主义科学眼里，女权主义理论也好不到哪里去。❷ 阿格尔指出，女权主义对实证主义科学的批判，也与日俱增。像希克斯（Helene Cixous）及克里斯蒂娃（Julia Kristeva）这样的法国女权主义者均认为，鉴于语言是生成的，人们就应像文化分析者那样，仔细地研究包括科学词汇在内的所有词汇的微妙生成效果。女权主义评论家指责实证主义是一个男性计划，批评实证主义不是有利于创造女性发展的文化及语言，而只是再现和复制了关于支配及清晰性的男性价值观。女权主义的科学哲学及方法创新也挑战了实证主义社会学，因为后者一直认为科学中的性别不是问题。对于女权主义的反叛，美国主流的实证主义科学毫不留情地对其进行打压，将之边缘化。

概而言之，我们可以认为"快速资本主义"的出场方式，体现为阿格尔对主要表征为实证主义社会学和实证主义科学的解读。在"快速资本主义"中，话语意义上的文本与其对象世界之间的界限已经模糊到几乎不可确认文本在何处停止，世界在何处开始。这就是文本性的隐蔽力量，即文本书写了人们的生活，但它又没有明显地以作者性（authoriality）为中介，从而阻碍了人们书写新的文本。因此，关于意义的批判理论需要理解公共领域是如何被那些默默支持各种不利于自由与正义行为的伪装诡计所占领。在此基础上，阿格尔讨论了"快速资本主义"的出场结果。

---

❶　BEN AGGER.Socio（onto）logy：A Disciplinary Reading［M］.Champaign：University of Illinois Press，1989：27.

❷　BEN AGGER.Socio（onto）logy：A Disciplinary Reading［M］.Champaign：University of Illinois Press，1989：22–23.

第三节　对社会文本的聚焦

阿格尔在刚提出"快速资本主义"这一术语时就打算为了避免无谓的语义学争论，放弃对"快速资本主义"内涵的清晰定义。甚至有人建议阿格尔不要使用"快速资本主义"这样的概念，而使用晚期资本主义或发达资本主义以限定其所探讨的当代资本主义特殊性。阿格尔在相关著作的不同地方，也使用了后现代资本主义和发达资本主义等类似词汇，以便标明他对当代资本主义的不同理解，进而与他人的观点保持区别和联系，尤其是像与法兰克福学派的阿多诺和马尔库塞这样的思想家观点的关联。不过，阿格尔更加注重的是"快速资本主义"这一概念的经验性实质，而不是对之进行语义学的定义。

一、"快速资本主义"的基本内涵

虽然阿格尔厌恶夸大地描述一种概念工具，不希望"快速资本主义"这样的术语成为无思想的套语，从而取代了思考和分析，但是为了方便读者理解，他在《快速资本主义：关于意义的批判理论》(1989a)、《社会（存在）学：学科解读》(1989c)、《性别、文化与权力：走向女权主义后现代批判理论》(1993)等文献中，还是提供了一个理解"快速资本主义"基本内涵的简要路线图。概括来说，阿格尔所使用的"快速资本主义"主要包括四个层面的含义。

"快速资本主义"的第一层含义，是指文本与其所描述的对象世界之间的边界正呈现出急速模糊的态势，从而导致文本是有字的物体、物体是无字的文本。阿格尔说："在文本与世界之间的边界正迅速消解时，书籍已不再有，这就是我所说的快速资本主义。"[1] 阿格尔这是从规范意义上来说的，也就是说借助于放大他自己所提出的"书籍已不存在"的观点，写一本反对批判性书籍文化进一步衰落，进而导致批判力衰落的著作。批判性书籍有不复存在的危险，这是因为人们不再深入思考究竟是什么构成了一本书，而且能够独立于它所揭示的对象世界。在书写文明一出现时，人们认为书籍与世界的边界是理所当然

---

[1] BEN AGGER.Fast Capitalism: A Critical Theory of Significance [M]. Champaign: University of Illinois Press, 1989: 3.

存在的。时过境迁，今非昔比。书籍与其对象世界之间的边界正在迅速消解。在其随后对有关货币、科学、高楼及数字的四种"文本"模式的分析中，阿格尔极力证实这种经验看法。

需要指出的是，阿格尔在这里探讨的既是批判性文本衰落的趋势，也是无生机的后现代资本主义社会现实。一旦出现了文章或书籍对自身被整编为贬黜了意义的各种符码以及标语的趋势，而又由于它们不积极地抵制从而被资本主义吞噬，那些符码以及标语就会成为诱导温和顺从日常生活的一种隐形"文本"。当批判性文本变成无人问津的物体时，物体又变成自我复制的无批判性"文本"。阿格尔希望把这种倾向理解为，那种首先由马克思所揭示的异化劳动的强化过程。"快速资本主义"仍然是资本主义，人们仍然要像马克思那样把意识形态与异化劳动联系起来而对之加以理论化。不过，当下的主要问题在于，"快速资本主义"意识形态的符码弥散到外部世界之中。货币、科学、高楼和数字，日益编码了意识形态含义。这些新型"文本"构成了一个实证主义世界。在这个实证主义世界中，解读就是被动的复述，从而复制了被视为社会自然的日常生活中的一部分的各种事物。

在阿格尔看来，批判力的遭贬较之以往尤甚。传统意义上的文本，纯粹地物化到阿格尔所说的实证主义外在世界中，强迫性地要求人们去"阅读"。所谓的日常生活，破坏了人们从外部对之加以批判的可能。他说，书籍在"快速资本主义"中成为物体，从而强迫这个世界，实际上强迫人们就像当下及其自身那样不可再变。现在的各种文本很难再像米福柯所说的"别样思考"那样去想象一个不同的世界。当批判性文本退化为物体的时候，它就低能化了批判性的解读。所谓批判性的解读，就是在日常生活中对现状加以积极思考的判断。但是，无批判的解读，不再把批判作为社会变革的中介，消解了赫伯特·马尔库塞（Herbert Marcuse）所说的人们经历中第一维度与第二维度之间的边界。❶阿格尔在这里的一个重要理论贡献，是他明确指出必须把世界解读为一个"文本"，从而坚持批判。也就说，批判可以保持独立，别样思考。同时，批判也必须力图防止自退化为现存话语中的术语，以便说出自己想说的内容，并使之

---

❶ BEN AGGER.Fast Capitalism: A Critical Theory of Significance［M］. Champaign: University of Illinois Press, 1989: 8.

能被别人听到。❶

"快速资本主义"的第二层含义在于，无批判的思维只能进行描摹性的写作。阿格尔感叹眼下后现代资本主义社会中各种肤浅的思维不能再精心、深入挖掘当前社会的丰富内涵，从而只是对之加以照相似的摹写。文章或书籍愈是被贬为标语、陈词滥调、符码，尤其是广告模式时，写作就愈不能想象地构想一个可能存在的新世界。换句话说，当写作不能再独立于这个资本主义社会时，它在可能的社会批判中就会因丧失了立足点而被资本主义社会所吞噬。其实，实证主义写作仅仅是反映进而复制既定事物秩序的倾向这一论题，也是法兰克福学派在揭示发达资本主义中理性已经衰落时所探讨的论题。❷

通过文献回顾，我们可以知道阿格尔所说的这个论题在西方马克思主义内部首先是由格奥尔格·卢卡奇（Georg Lukács）提出来的，随后的法兰克福学派在分析虚假意识、物化和支配时又对之加以扩展。阿格尔在此处超越了卢卡奇和法兰克福学派，直接把"理性的衰落"安置在对乌托邦思考的读写压迫中。阿格尔指出，在今天之所以不能计划大规模的激进社会变革，是因为理性不能充分地与世界保持特定的距离以揭示它，也就是说不能再直接地推翻它，甚至还辩护性地利用它。这样一来，自由就沦为从百货商店中获取想要的商品，而不是从平等主义的社会关系中获得。阿格尔有些伤感地指出，一旦批判性思维成为稀缺之物，即使像法兰克福学派那样理解了语言的扭曲，也不能有效地对后现代资本主义社会加以书写。

阿格尔还注意到，法兰克福学派基本上忽视了文章成为对冰冷世界的简单反映，而不是与之保存自我意识的距离并对之提出积极挑战的现象。事实上，这对社会批判的可能性进而是政治动员，具有巨大影响。不可否认，西奥多·阿多诺（Theodor Wiesengrund Adorno）、马克斯·霍克海默（M. Max Horkheimer）和赫伯特·马尔库塞都曾相信，理性借助于书写深奥的著作，可以揭穿神秘及模棱两可的意识形态迷雾，从而点燃批判及乌托邦想象的希望之

❶ BEN AGGER.Fast Capitalism：A Critical Theory of Significance［M］. Champaign：University of Illinois Press，1989：8.

❷ BEN AGGER.Fast Capitalism：A Critical Theory of Significance［M］. Champaign：University of Illinois Press，1989：17.

火。阿格尔认为，无论是阿多诺对资本主义社会"全面管制"的论述，还是马尔库塞关于"单向度性"的写作，都包含着真理。不管战后美国所面对的马克思主义接受问题是多么的艰难，法兰克福学派的这些初期理论家都认为，书籍仍然可以对主流的世界秩序加以拒绝和否定。❶

尽管和法兰克福学派的阿多诺、霍克海默和马尔库塞等人一样对未来抱有希望，但当文本自身日益被整编为合法的、复制的过程时，阿格尔对"快速资本主义"的经验分析又暗示了批判理性面临着更为严峻的考验。对于阿格尔来说，"快速资本主义"是资本主义的一个新时代。在这个资本主义新时代里，人们很难相信作为批判文本性工具的文章免于被资本主义立即吞噬，甚至会反对自己。换而言之，各种批判性理论也可能会被驯化为另一种实证主义类型的学术。这不禁让人们回想初期的法兰克福理论家接受了马克思的意识形态批判模式，感觉到只有保证自己拥有学识渊博的受众，才能在政治上有所作为。一旦他们确保有这种受众，他们就可以揭穿笼罩在剥削性、自我矛盾的资本逻辑身上的欺骗性假象。

继承了法兰克福学派学术传统的阿格尔，虽然也极力进行类似的批判性分析，但是他又认为这不只是一个是否存在受众的问题。这不完全是人们不去阅读或写作批判性书籍，以便揭示这个世界的真相，而是批判性书籍自身的自主性在"快速资本主义"中是否存在的问题。不过，阿格尔还是充满希望地指出，人们可以写作进而出版有关批判理论的书籍。"当下不仅缺少阅读这些作品的读者，还缺少文本在那里可以起到政治民主作用的公共论坛。"❷这样的公共论坛，可以为改变世界的实践热情提供能量，并对之加以组织。

"快速资本主义"的第三层含义在于，当代资本主义社会的意识形态出现了新变化，并且以社会文本的形式大肆弥散。阿格尔所使用的"快速资本主义"这一术语，也是指可以把书籍文化衰落理解为马克思最初提出的异化劳动过程的一种加剧。他概括了后现代资本主义与早期资本主义之间的异同。具体

---

❶ BEN AGGER.Fast Capitalism: A Critical Theory of Significance［M］. Champaign: University of Illinois Press, 1989: 17.

❷ BEN AGGER.Fast Capitalism: A Critical Theory of Significance［M］. Champaign: University of Illinois Press, 1989: 18.

地说，二者的相同点在于它们都是基于对劳动的剥削；二者的不同点在于今天的意识形态不再完全是以书籍的形式出现。后现代资本主义的意识形态弥散入世界而作为难以解读的去作者化（deauthorization）的"文本"，几乎构成了所有人的日常生活。换言之，尽管传统意义上的意识形态依然存在，但它又被新的意识形态形式所补充。这些新的意识形态，包括阿格尔所说的构成了一种实证主义文化的诸多弥散"文本"。意识形态的指令不再仅仅来自规范性的文章版面，它们被编码到公共空间的无数层面及层次中。❶ 货币、科学、高楼和数字，在这种公共空间中事实上都成为新的"文本"，从而诱使人们屈从于被它们所认定为不可改变的事物。

新型的后现代形式的意识形态几乎不可能被当作反事实（antifact）而加以拒绝，因为它们毕竟没有明显的主张。阿格尔以广告为例对此作出说明，广告已如此地深入到商品之中，以致人们只能将其当作商品本身加以消费。百事可乐在以前宣称它比可口可乐好，而今天的百事可乐的广告很少再宣传产品，而是将其战利品转变为纯粹的生活方式。迈克尔·杰克逊（Michael Jackson）为百事可乐而舞蹈，宝拉·阿巴杜（Paula Abdul）为可口可乐而舞蹈。这些广告传递的信息是，如果不是在字面意义上像杰克逊和阿巴杜那样成为自己生活中的明星，那么人们将会为喝这些饮料而舞蹈。❷

这有些类似于让·鲍德里亚的类像理论，抓住了类像构成真实从而成为真实的方式。不同于鲍德里亚的是，阿格尔因强调速度而认为弥散的意识形态是"快速资本主义"的独有特征。后现代资本主义借助于加快速度，让自身在经济上和文化上的再生产过程忙个不停，进一步阻止了各种思考性的阅读、反对和反驳。后现代资本主义不仅从类像中创造资本，也从商品中创造类像，从而几乎完全模糊了真实和幻象之间的界限。事实上，那些已经顺从于真实和幻象融合的幻觉并为之欢呼的后现代主义者，早已厌恶那种关于固有真实的传统看法。

---

❶ BEN AGGER.Fast Capitalism: A Critical Theory of Significance ［M］. Champaign: University of Illinois Press, 1989: 19.

❷ BEN AGGER.Gender, Culture and Power: Toward a Feminist Postmodern Critical Theory ［M］. Westport, CT: Praeger Publishers, 1993, 11.

在阿格尔看来，如果说马克思只认识到歪曲事实的著述那种类型的意识形态，那么现在还存在第二种类型的作为社会文本形式的意识形态。后者的特征是那种被剥夺了权力的日常生活的语言游戏。在这种日常生活中，阅读被贬为对社会生活中包括购物、工作、计算、交往等在内的各种副本的无思维演示。这样一来，意识形态的深化程度在今天要比马克思当年所想象的更严重。阿格尔强调意识形态既采取了文本的形式，也采取了元文本的形式；因此，不能再以马克思所理解的那种意识形态批判形式，尤其是采取经济分析的形式，简单地从外部反对它。❶ 当意识形态已经被弥散到那些似乎根本不是有意而为的修辞，比如货币、实证主义科学、建筑物、数字之中时，就不能仅仅借助于那些对现实加以不同理解的传统方式来解读它们。

阿格尔指出，这些弥散的"文本"在"快速资本主义"中塑造了一个特定世界。实际上，就是让这个特定世界的本质等同于它的现象，从而成为一个实证主义的世界。对马克思来说，以往的意识形态是从外部来灌输价值观，而今天的人们则是从自我内心学会顺从，而无须传统意义上的阅读。人们现在几乎完全是从其身边的符号和组织中学习如何去理解形而上学和政治参与的可能性。"快速资本主义"中的意识形态新变化，必然带来严重后果。阿格尔说："在后现代资本主义社会中，不仅仅是书籍在宣传诸如宗教允诺人们在来世获得幸福以补充今生的苦难之类的错误的观点，社会认知也不再是以传统的方式进行。"❷ 其结果就是：人们不是为了认识世界、改造世界，而是在日常生活中被顺从主义的价值观所灌输；人们觉得，似乎这个生活世界之外没有他物，从而也不存在他物；在后现代资本主义社会中，批判性书籍不再为人们中介现实；在文本被弥散到物体中的时候，现实中介了自身；如果说还有书籍存在的话，它们中的大多数也仅仅是为了转移人们的注意力和进行娱乐。

可见，阿格尔虽然使用了马克思的异化劳动、意识形态等术语，完全接受马克思的劳动价值理论及其对异化劳动的批判，但是阿格尔又积极地拓展了这

❶ BEN AGGER.Fast Capitalism：A Critical Theory of Significance［M］. Champaign：University of Illinois Press，1989：20. 尽管阿格尔在此对后现代资本主义意识形态的认识有其过人之处，但是他对马克思运用唯物史观展开意识形态批判的思路，缺乏深刻的理解，甚至有误读的倾向。

❷ BEN AGGER.Fast Capitalism：A Critical Theory of Significance［M］. Champaign：University of Illinois Press，1989：20.

些术语的内涵。同时，阿格尔反对初期的法兰克福学派对"否定的辩证法"和"否定性思考"所持的悲观主义态度，认为要像马克思那样更乐观地以意识形态批判形式表现的朴素社会批判去激励革命，以便反对后现代资本主义。不过，阿格尔与初期法兰克福学派的区别不具对立性。正如阿格尔自己所说的那样："如果阿多诺和马尔库塞能够从文学性方面停下来思考公共领域的衰落，他们就可以对传统批判性书籍文化的衰落加以论述。"❶ 法兰克福学派之所以没有这样去做，主要是因为他们在某些层面上仍然相信语言可以揭穿社会压迫。

"快速资本主义"的第四层含义在于，当代资本主义社会中文本意义的弱化进而变成物体的节奏日益加快。阿格尔认为较之以往社会节奏较慢的早期资本主义，后现代资本主义社会里各种文本的批判性意义在日益弱化，导致这些文本变成物体的节奏日益加快。换句话说就是，慢速资本主义成为"快速资本主义"。这主要表现为：后现代资本主义更迅速地从意识形态批判的反对性分析中掩蔽意识形态的主张；意识形态不再仅仅以书籍的形式表现出来，而是表现为一种日常生活，从而导致很难对之加以抵制。阿格尔坦承，至于这是否导致慢速资本主义完全不同于"快速资本主义"，更多的是一种修辞。

阿格尔把公共性幻觉上升的趋势，安置在批判性文本的消退之中。在他看来，那些仍然在书店中售卖的书籍被认为是古老的残余物，而不被当作与当下时代相关的重要著作。如此一来，如果现在探讨人们反抗及重建的能力，那么事情就显得更糟。在批判性文本中，通过思考至少可以希望理解并反对这个支配性的资本主义秩序。阿格尔甚至认为，从一定意义上说过去还是较好的，因为尽管很少有人能够奢侈地拥有真正的公共空间，但是他们可以作为公民参与其中，理性至少构成了一些生存领域。毋庸置疑的是，后现代资本主义社会中能够作为公共知识分子的生动范例不是很多。阿格尔感叹道："如果说思考在什么地方还存在的话，那它也只是在大学中被规范为狭隘的关涉院系、专业和研究分析。"❷

---

❶ BEN AGGER.Fast Capitalism：A Critical Theory of Significance ［M］. Champaign：University of Illinois Press，1989：20.

❷ BEN AGGER.Fast Capitalism：A Critical Theory of Significance ［M］. Champaign：University of Illinois Press，1989：21.

二、对社会文本的聚焦

如果说阿格尔在《快速资本主义：关于意义的批判理论》（1989a）中已经表示他的理论旨趣在于聚焦后现代资本主义意识形态化的社会文本，那么《性别、文化与权力：走向女权主义后现代批判理论》（1993）中，则又以"快速资本主义"作为文中小标题的形式对此再次加以明确。

在阿格尔看来，20世纪八九十年代对节奏加快的后现代主义的批判，较之于19世纪80年代对资本主义的批判要困难得多。阿格尔这样说不是要把过去加以浪漫化和简单化，而是意欲把马克思所说的意识形态支配模式，以及后来法兰克福学派的相关思想，应用于对资本主义新近时期的经验分析，从而故作夸张地假定书籍进而批判与眼前世界之间还存在边界，以抵制今天意义遭贬的快节奏。❶当代资本主义的节奏在加快，人们来不及思考历史呈现给他们的可能性。在公共空间中，去作者化的文本已弥散到建筑物和数字环境中。

区别于大多数马克思主义者、女权主义者以及所有自由主义者的是，阿格尔认为事情实际上变得越来越糟。尤其是社会支配越是持久，它就越难以被根除，甚至越难以去认识和描述它们。尽管节奏较慢的资本主义几乎折磨着所有人，但马克思在《资本论》中所提出改造世界的反抗主张，能够经得起实践检验。今天的后现代资本主义，几乎不可能再想象还有一本书或一部作品能够像马克思那样具有如此广泛的影响。阿格尔希望从中有所借鉴，而不仅仅是悲叹社会批判的学术化和被整编，借助于他自己所说的"快速资本主义"而深化意识形态批判思想，阿格尔不是在精细化地提出一种理论，也不愿意制造那些只为自己考虑的标语，而是希望直面这个读写活动几乎是不可想象的严酷现实。❷在当下有人力图坚持以实证主义的秘方来结束社会批判之时，阿格尔则坚持为知识及政治的严谨而思索，希望人们能够理解眼下的困难，逐步与那些志同道合的人形成共同体。

---

❶ BEN AGGER.Fast Capitalism：A Critical Theory of Significance［M］. Champaign：University of Illinois Press，1989：20.

❷ BEN AGGER.Fast Capitalism：A Critical Theory of Significance［M］. Champaign：University of Illinois Press，1989：21.

阿格尔在"快速资本主义"中所使用的"快速"（fast）一词有两层紧密相关的主要含义。一是涉及时间及其压缩。为了实现特定的经济强制及社会支配，时间随着后现代资本主义日常生活速度的加快而被压缩；二是涉及边界的消解。那种致力于否认人们私人时空的后现代资本主义社会秩序在侵蚀以下各种边界：一是存在于私人生活与公共生活之间的边界；二是存在于文本与世界之间的边界；三是真实和幻象之间的边界。相应地，在阿格尔所说的"快速资本主义"的四个主要层面内涵上：文本与世界之间边界的模糊，是"快速资本主义"的外在表现；描摹性实证主义写作，是"快速资本主义"的重要推手；弥散的意识形态化文本，是"快速资本主义"的本质特征；文本之意义的快速遭贬，是"快速资本主义"的必然结果。

总而言之，阿格尔的"快速资本主义"概念，既借鉴了马克思的意识形态批判思想，也借鉴了法兰克福学派理性衰落的论题。毫无疑问，阿格尔对后现代资本主义加以关注的文化焦点在于其意识形态化的社会文本问题。阿格尔在随后的后现代主义社会文本批判上，不但指出后现代资本主义借助于吞噬批判性书籍而疯狂地自我繁殖，迅速赚取利润的同时贬黜了理性，而且指出了批判理性所起作用的公共领域处于更为直接的危险境地。

第三章 "快速资本主义"批判

阿格尔反复强调在"快速资本主义"条件下，书籍成为有字的物体，物体成为无字的书籍，从而造成书籍与物体的互相换位与相互错位。阿格尔的理论旨趣不在于对这种现象加以简单描述或将之颂扬为诸如"意识形态的终结""历史的终结"之类的理论神话，而是从西方马克思主义的立场来揭批"快速资本主义"对承载了解放话语的作为公共书籍的批判性文本的全面支配、无情惩戒和大肆吞噬。通过讨论等级制下的文本性、惩戒性文本的凸显、文本之意义的遭贬，阿格尔批判了"快速资本主义"是如何深化意识形态、驯化日常生活和钝化社会批判的。

第一节 等级制下的文本性

面对"快速资本主义"，愿意思考的人们必须思考要不要对之加以揭露批判和如何对之加以揭露批判这两个基本问题。对于坚持马克思主义立场的阿格尔来说，主要的问题不在于要不要揭露批判"快速资本主义"，而在于如何揭露批判"快速资本主义"。尽管当代资本主义揭露批判的理论进路是多种多样的，但阿格尔在揭露批判当代资本主义时主要立足于马克思主义，尤其是西方马克思主义的总体性文化批判视角。他的立论根基是生产支配再生产（production over reproduction），或者是其所说的有价值之物支配无价值之物这一等级制支配的"快速资本主义"总体逻辑。❶ 在此基础上，阿格尔把文本性受控于资本主义生产的政治驱使和利润驱动，作为一般性再生产受控的个案来展开对"快速资本主义"的揭露批判。

一、等级制支配

后现代资本主义社会的等级制支配，是阿格尔整个学术思想的重要论题之一。在他看来，法兰克福学派的初期理论家霍克海默、阿多诺、马尔库塞及随后的哈贝马斯等人都曾极力表明，马克思对异化劳动的特定批判可以拓展为对社会支配的一般性批判，以深化马克思的异化劳动理论。

阿格尔认为随着资本主义社会的进一步发展，必须运用新的术语和理论来概括当下的后现代资本主义。也就是说，必须对法兰克福学派的社会支配理论加以深化，重新概括出后现代资本主义的总体性逻辑。阿格尔的这一看法主要体现在《快速资本主义：关于意义的批判理论》（1989a）和《性别、文化与权力：走向女权主义后现代批判理论》（1993）这两本专著中。在那里，阿格尔揭示了他如何对被视为再生产的活动加以贬值的各种等级制的明确批判，指出"快速资本主义"的实质是在资本主义总体性支配逻辑之下解放话语的严重缺失。

正如马克思理论化了异化劳动和法兰克福学派理论化了社会支配，阿格尔理论化了"快速资本主义"的等级制（hierarchy）。他有时也将这种社会等级制称为生产主义（productivism）❷或异质文本性（heterotextuality）❸或生产主义异

---

❶ 阿格尔认为其所说的"生产支配再生产"是资本主义的总体逻辑，是在借鉴马克思的资本逻辑、法兰克福学派的支配逻辑的基础上形成的。其实，阿格尔对资本主义总体性逻辑的这种认识，虽然在一定程度上指出了资本主义社会支配的广泛性，但较之马克思对资本主义的认识而言却显示出其理论深刻性的不足。也就是说，阿格尔提出的"生产支配再生产"，虽然涉及马克思所说的异化和法兰克福学派所说的社会支配，但他却像法兰克福学派一样，没有超越马克思主义从资本主义生产力与生产关系之间对立统一的角度来深刻剖析后现代资本主义，甚至因其没有很好地理解马克思的唯物史观而无法正确揭示"生产"与"再生产"之间的内在关系。

❷ BEN AGGER.Gender, Culture and Power：Toward a Feminist Postmodern Critical Theory［M］.Westport, CT：Praeger Publishers，1993：4.

❸ BEN AGGER.Gender, Culture and Power：Toward a Feminist Postmodern Critical Theory［M］.Westport, CT：Praeger Publishers，1993：122.

质文本性等级制（productivist heterotextual hierarchy）❶。阿格尔自认为，无论怎样对其所说的这种资本主义社会等级制逻辑加以称呼，它都涉及但又超越了马克思所说的异化和法兰克福学派所说的社会支配。❷ 阿格尔所说的等级制，包含但又不局限于男人和女人、资本和劳动、白人和有色人种、异性恋和同性恋、第一世界和第三世界、社会和自然之间的致命等级制。阿格尔的观点是，西方文明中关于社会支配的主要逻辑，等级化了生产（有价值之物）对再生产（无价值之物）的支配。

阿格尔整合了法兰克福学派对社会支配的批判及女权主义对男性至上主义的批判。在他那里，经济剥削、社会支配和男性特权的重要根源均被概念化为生产主义或等级制，以便揭示它们被视为所谓的有价值和所谓的无价值之间的一般等级制的介质因素（interstitial moments）。为了对批判理论的女权主义—后现代主义加以改造奠定基础，阿格尔提出了等级制批判。而这在继承了尼采、海德格尔、韦伯和卢卡奇等人思想的法兰克福学派思想家那里，对工具理性的批判已经对此有所预示。阿格尔进一步指出，这种关联之所以几乎没有被他们明确表述，只是因为法兰克福学派的一些思想家对把性别歧视看作有意义的社会现象不感兴趣。❸ 其实，法兰克福学派完全可以很好地把他们对社会支配和工具理性的内在批判，应用到男性特权等各种现象的批判之中去。

在阿格尔看来，与后现代性相关的广义的批判理论，可以通过评估以前被有意建构为再生产性的人和活动来详尽阐述"快速资本主义"社会等级制批判，从而证实妇女、劳动、有色人种和自然凭其自身也是生产性的。阿格尔运用这样一种特殊的方式，情境化了初期法兰克福学派把马克思的异化劳动概念扩展为他们那更大的社会支配范畴。对阿格尔来说，"快速资本主义"是晚期资本主义或垄断资本主义的第二个阶段。在此阶段中，实际上不可能再把生产与再生产、劳动与文本、科学与小说、男人与女人、白人与非白人、经济基础与上层建筑分开。这为法兰克福学派第三代批判理论设置的议程是，把社会支

---

❶ BEN AGGER.Gender, Culture and Power: Toward a Feminist Postmodern Critical Theory [M]. Westport, CT: Praeger Publishers, 1993: 16—17.

❷ 阿格尔的看法是否超越了马克思的异化思想和法兰克福学派的社会支配思想，值得商榷。

❸ BEN AGGER.Gender, Culture and Power: Toward a Feminist Postmodern Critical Theory [M]. Westport, CT: Praeger Publishers, 1993: 5.

配的逻辑安置在出人意料的常常是普通的地方。这些普通的地方尤其表现为后实证主义的语言游戏，或者是如同马尔库塞所说的单向度的日常生活。

　　一种社会支配往往诱导另一种社会支配，从而导致它们常常相互包含。这是因为社会支配无情地趋于总体化，多重决定了它的构成层面，以致思考很难理解它的结构复杂性。在阿格尔看来，社会支配的等级制化更是自我统治的，因为它暗示了社会支配存在分离进而孤立的可能性。"快速资本主义"让马克思主义、女权主义、反种族主义相互内耗，以阻止他们团结起来成为一种更全面的批判实践。也就是说，后现代资本主义社会制度把不同受支配者无情地加以隔离，以阻止他们把这个罪恶的资本主义社会自身理解为一个总体化的论题。社会支配也是一种社会意识的产物，这种社会意识认为社会支配是塑造社会的意识。❶ 主体与客体，或者概念与世界的同一性，使得那种在初写者与改写者、男性与女性、白人与非白人、社会与自然之间存在一种非同一性的辩证法不太可能。

　　社会支配既是外在的，也是内在的。也就是说它既是他人强加的，也是人们自我强加的。后现代资本主义社会支配的等级制化和优先化，把那些远离社会支配中心的人们边缘化，导致他们持有的第三世界从属于第一世界和第二世界的错误看法排斥对妇女问题和父权制进行马克思主义的分析。社会支配既是一种社会建构，也是一种社会建构得以实现的情境。由于社会支配压制了大多数人，对现实的顺从就淡化了人们改造后现代资本主义社会的努力。后现代资本主义的社会支配，是赋予一种群体以他人为代价支配其他群体的特权。这一直是等级制资本主义社会的支配法则。

　　在阿格尔对"快速资本主义"等级制的思考中，不断深化了其受后现代主义影响的法兰克福学派批判理论。如果说阿多诺、霍克海默、马尔库塞等人在当时还可以利用批判理论的超然优势来批判资本主义的社会支配，那么在"快速资本主义"条件下他们也越来越难以保证批判理论避免自身的平庸化与被整

---

❶ BEN AGGER.Fast Capitalism：A Critical Theory of Significance［M］. Champaign：University of Illinois Press，1989：32.

编。❶ 这正是拉塞尔·雅各比在《最后的知识分子》一书中所反映的主题，他悲叹在美国 45 岁以下的人没有谁再能够称得上是大尺度社会批判的公共知识分子。阿格尔认为雅各比的这种愤怒，清晰地揭示了新左派在美国大学中已经变得相当温顺的严峻现实。

二、等级制支配下的文本性

阿格尔以揭示所谓的无价值（再生产）领域活动对所谓有价值（生产）领域活动的从属性的方式，来理解"快速资本主义"社会里的文本性衰落。不过在他看来，"这种从属性却一直没有被明确地论述，甚至还很不幸地被那种支配着人们思考的马克思主义经济决定论以及文化女权主义所强化"❷。

在《快速资本主义：关于意义的批判理论》（1989a）中，阿格尔通过整合马克思的辩证方法、法兰克福学派批判理论、左翼女权主义理论、后现代主义、马克思主义等思想，把资本主义对劳动的支配扩展到资本主义对再生产的等级制支配，简要介绍了他的生产支配再生产思想，并提出了对所有等级制支配加以批判的大致思路。❸ 阿格尔之所以选择对再生产的支配，尤其是对文本性的支配作为他的主要论题，是因为他力图在节奏很快的世界中把马克思主义、女权主义和解构思想整合为批判"快速资本主义"的更有效理论。❹ 在其随后的专著《性别、文化与权力：走向女权主义后现代批判理论》（1993）中，阿格尔再次从意识形态及其批判的文化研究角度较为详细地论及"快速资本主义"的等级制支配问题。

阿格尔关于后现代资本主义对再生产加以支配的观点，指出了一种在"快

❶ BEN AGGER.Gender, Culture and Power: Toward a Feminist Postmodern Critical Theory ［M］. Westport, CT: Praeger Publishers, 1993: 5.
❷ BEN AGGER.Fast Capitalism: A Critical Theory of Significance ［M］. Champaign: University of Illinois Press, 1989: 24.
❸ BEN AGGER.Fast Capitalism: A Critical Theory of Significance ［M］. Champaign: University of Illinois Press, 1989: 23.
❹ BEN AGGER.Fast Capitalism: A Critical Theory of Significance ［M］. Champaign: University of Illinois Press, 1989: 25. 本书的下一章会详细论述阿格尔是如何整合这些思想资源以形成变革"快速资本主义"的有力武器的。

速资本主义"中思考文本性之欺骗作用的方式。对后现代资本主义社会生产主义（productivism）的女权主义批判，通过理解无酬劳动对再生产男性有酬劳动的经济贡献与社会文化的贡献而重新估价了无酬劳动。阿格尔综合了后现代主义的解构理论和女权主义，追问了作为一种等级制的公共领域与私人领域之间的分裂。一整套无酬劳动借助于这种等级制而再生产了自身的贬黜，因为它们默认了那种只是依照市场标准而衡量价值的经济主义（economism）及生产主义。"这不是说只有妇女来对自身的贬黜负责任，而是说要批判那种仅仅让女性与男性同工同酬来定义更好社会的做法。一种更全面的解放构想应该解释公共领域与私人领域之间的等级制，重新评价诸如家庭、性别、诗歌、理论此类的所谓无价值领域。"❶ 但是，女权主义理论，即使是其最明确的社会主义版本也没有成功地提出一种全面的批判理论，而是以一种狭隘的战略议程来束缚自我。

借助于所谓有价值的领域和无价值的领域，也就是诸如工作与家庭、公共与私人、男性与女性、科学与小说、实践与理论之间的这种恶性循环，"快速资本主义"再生产了自身。"快速资本主义"对再生产加以支配（the domination of reproduction），使之贬黜为仅仅是知识、文本、上层建筑。"资本主义尤其是通过提供一种劳动力及无酬家务劳动者的常备军而让再生产遭受支配，并极力让这些常备军把自身永恒化。快速资本主义文本性衰落的反讽就在于，文本比以往更加需要去助推包含了马克思所说的矛盾、时时处处都有可能爆发的物质世界。"❷ 哈贝马斯等人认识到，所谓的资本主义生产法则最终会因它们不断地殖民化人们的生活世界而失效。如何避免这种情况？阿格尔认为，资本主义必须向无权者描述性地反复灌输其意识形态，训导他们在面对几乎是本体论上不可避免的资产阶级义务、工作、家庭和宗教时要屈从于自己的日常生活。

阿格尔特别强调在解读后现代资本主义等级制时要坚持文本的物质相关

---

❶ BEN AGGER.Fast Capitalism：A Critical Theory of Significance［M］. Champaign：University of Illinois Press，1989：61.

❷ BEN AGGER.Fast Capitalism：A Critical Theory of Significance［M］. Champaign：University of Illinois Press，1989：61.

性。在他看来，知识领域的衰退只能说明进而再生产了存在于有用与无用、有价值与无价值之间的等级制。货币使自身等级制地支配了那些不是货币的事物，以便把自身的支配永恒化为一种合法的价值标准。价值在"快速资本主义"社会里日益被编码到事物之中，这些事物从而决定了存在的整个理论。阿格尔希望把解读描述为一种写作形式，指出它可以反对自身明显地从属于货币的、科学的价值标准。在此意义上，批判坚持真实的文本性，坚持在揭露进而是改写隐形文本时的自我构成角色。"快速资本主义"中最强有力的文本，是那些掩蔽了它们的作者性（authoriality）而诱发在实际上恰恰又合乎其本意的日常生活。❶ 阿格尔认为，比如货币被认为是有价值的，它越是掩蔽了它与价值叙述的同一性，它就越难以被解读为文本。

三、激进思想遭受规整

西方文明中的结构性二元论，源自一种基本的文本实践。"快速资本主义"借助于这种文本实践而进行自我繁殖，在表面上似乎超越了可解构主张的话语中介。❷ 在"快速资本主义"的等级制支配之下，包括马克思主义和左翼女权主义在内的诸多激进思想均被驯化和整编，从而在很大程度上钝化了它们对"快速资本主义"的批判和抵制。

首先，"快速资本主义"借助于等级制支配把各种激进思想加以惩戒，使之更加温顺或对之加以利用。阿格尔着重探讨了马克思主义和左翼女权主义与其他诸多事物一样，被"快速资本主义"弥散到无作者的、诱导人们进行欠思考的"文本"中而出现遭贬的情形。阿格尔虽然承认了马克思主义和左翼女权主义是批判资本主义的主要理论，但也不否认"快速资本主义"对这两种主要理论加以驯化和整编的残酷现实。对马克思主义、左翼女权主义的驯化和整编，导致这两种理论呈现出学术化、方法论化等衰落趋势。尽管人们可以像

❶ BEN AGGER.Fast Capitalism：A Critical Theory of Significance［M］. Champaign：University of Illinois Press，1989：39.
❷ BEN AGGER.Fast Capitalism：A Critical Theory of Significance［M］. Champaign：University of Illinois Press，1989：46.

一个主流社会学家那样把这种现象仅仅描述为制度化，但是"快速资本主义"社会里的批判性思维在其所揭示的话题及目标上几乎丧失了自身。其结果是："马克思主义和左翼女权主义，成为极具模糊性的理论。人们想宣称它们是什么，它们就是什么。这不管是在大学里，还是在学术界之外的政治中都是如此。"❶ 如此一来，它们就丧失了理论的解放力量，而仅仅是为了"应用"。

马克思主义和左翼女权主义等批判性社会理论所蕴含的批判元素之所以几乎沦为无批判的思想，阿格尔认为有两个主要原因。❷ 一是面临"快速资本主义"的制度重压，理论批判在忘记了思考的时候就被驯化了。一旦人们需要它们，不管是出于何种目的，他们就利用马克思主义和女权主义。其实，很多美国社会科学家选择性地采用这些批判形式的概念工具，以在保守主义的指向上回避像阶级及性别这样的词汇。韦伯主义的复兴，就刻意缩短马克斯·韦伯与马克思之间的思想差距，从而败坏了马克思主义，而不是发展了马克思主义。专注于自由主义的女权主义对同工同酬的呼吁，也只是强化那种把无酬劳动，主要是家务劳动加以贬低的西方价值秩序。二是因为"快速资本主义"社会中的理论批判几乎忘记了思考，成为象征性的活动，从而未能开展新的经验研究。自称为马克思主义者的一些人，不再严肃地思考马克思主义。他们忽视了资本主义在不同发展时期中的相同点与不同点。女权主义者复制了一种相同的文化风格，从而不能突破个人政治而接受诸如涉及宏大经济结构和文化结构之类的其他类型的政治。

阿格尔只是把这些倾向理解为趋势，而不是说实际上绝对如此。不同于保守主义者把马克思主义批判力的下降直接归咎于马克思，阿格尔把这些倾向理解为"快速资本主义"从书籍文化❸转向那种以文本诱导人们进行欠思考判断的生活世界的产物。在他看来，这种欠思考的判断就是人们所说的"阅读"。在"快速资本主义"社会中，一些概念很容易自我贬黜为标语或口号。虽然

❶ BEN AGGER.Fast Capitalism：A Critical Theory of Significance［M］. Champaign：University of Illinois Press，1989：25.
❷ BEN AGGER.Fast Capitalism：A Critical Theory of Significance［M］. Champaign：University of Illinois Press，1989：25.
❸ 这里的"书籍文化"，是阿格尔所使用的术语，是指那种具有公共价值取向的以（纸质）书籍形式展现出来的文化。

左派也不是刀枪不入，但鉴于马克思主义毕竟是一种总体性观点，所以左派应该预见到自身的这种自我遭贬的倾向。不过，一旦普遍的理性在后现代主义精神中被视为一种傲慢的罪恶而加以拒绝，诸多理论的总体性就牺牲了。人们欢呼自身的特殊性以极力避免成为阿基米德主义者、绝对主义者和男性至上主义者。如此困境之下，总体性的守望者却培育了一种去中心化的异质性，以至于他们被其敌人视为孤立的、愚蠢的和无组织的。

"快速资本主义"继续让所谓更有价值的生产领域支配观念领域，导致很多人丧失了写作的反抗力量。这样一来，马克思主义和女权主义不再是强有力的创造性中介及理论建构的形式，而仅仅是习惯上与马克思主义者和女权主义者联系在一起的名号。书籍弥散到外部世界中而仅对人们无法安身立命加以通常的解释，那种保存思考自主性的书籍文化烟消云散。阿格尔批评一些马克思主义者总是把这种现象理解为经济主义（economism），因为那样做它只能掩蔽一种更深层次上的等级制。❶ 至于人们批评马克思主义等批判性社会理论的完全学术化，阿格尔持有保留意见。他认为，尽管学术化很成问题，但它还不是马克思主义被整编的后果中最致命的问题。

其次，"快速资本主义"借助于等级制支配而对各种激进思想加以分化和边缘化，使之挑战资本主义社会支配中心的能力弱化。等级制支配还运用分化的手段，以规训受控者的联合反抗。它分化了马克思主义、左翼女权主义等激进理论，并让这些理论彼此互斗，以便不去挑战"快速资本主义"进行社会支配的中心地位。马克思主义者和女权主义者之间存在的分歧越大，他们对把其加以分化的社会支配中心的影响力就越小。"快速资本主义"的社会支配中心利用自我建构的边缘而维持自身，也就是利用中心与边缘之间的各种等级制而进一步把边缘加以边缘化。虽然受支配的边缘被"快速资本主义"社会支配中心区分为好坏不同形式，一部分是安全的渐进主义者，另一部分是野蛮而极度危险的不可救药者，但是这两种建构性区分都遏制了像西方马克思主义及左翼

❶ BEN AGGER.Fast Capitalism：A Critical Theory of Significance［M］．Champaign：University of Illinois Press，1989：26.

女权主义这样的批判性理论。❶

在阿格尔看来，尽管一些马克思主义者是教条主义者，没有明显地以那些可以激发想象力的概念来揭示"快速资本主义"，但是一些女权主义者也只是以咒语来否定父权制的存在，从而错误地提出一种与男性文化相对的"女性想象力"作为它的替代品。女性知识的形而上学性不是真正的否定，因为它中了"快速资本主义"总体化制度的多元主义圈套。❷ 这种总体化制度分散了各种被赋予自身支配特权的"利益团体"，从而使他们的各种异议无足轻重。"快速资本主义"让女权主义和马克思主义相互对抗，宛如告诉人们它们可以相互矫正。

阿格尔希望左派自觉地抵制自身的等级制化，否则，就不能反对"快速资本主义"中心支配边缘的等级制。这不仅是注重每一个人的困难都要被评价的伦理多元主义，也要意识到社会支配是多重决定、相互交叠及具有不可分割性的。在德里达的解构思想影响下，现在流行的做法是那些被边缘化的人们拒绝对社会支配模式进行单一原因的分析，而承认社会支配的多元性。阿格尔承认，尽管作为与简约性总体观相对立的一些看法有其积极意义，但是这种原本尼采式的边缘主义在非批判性的后现代主义者的思维中是如此的典型，以至倾向于一种关涉相对、部分、边缘的绝对主义。

最后，"快速资本主义"的等级制支配还使用二元主义逻辑将主体客体化，以强化自身的虚假优先性。阿格尔认为人们被如此深深地安置在掩蔽了等级制的二元主义问题框架中，以至于经常只是重复空洞的普罗米修斯主体性来构想人们的解放。❸ 如同哈贝马斯等人，阿格尔也批评传统的意识形态概念没有把思想的自主性作为激进社会变革的最基本可能性而加以积极追问。如果默认把主客体关系建构为一种中心与边缘的关系，尤其是科学与非科学的关系，左派就会一直处于失败的境地。这是因为左派接受了主流话语所崇尚的认同即霸权

---

❶ BEN AGGER.Fast Capitalism: A Critical Theory of Significance [M]. Champaign: University of Illinois Press, 1989: 33.

❷ BEN AGGER.Fast Capitalism: A Critical Theory of Significance [M]. Champaign: University of Illinois Press, 1989: 38.

❸ BEN AGGER.Fast Capitalism: A Critical Theory of Significance [M]. Champaign: University of Illinois Press, 1989: 34.

的观点，也就是说主体是由其所支配、操纵和击败的客体所定义。

让－保罗·萨特（Jean-Paul Sartre）和西蒙娜·德·波伏娃（Simone de Beauvoir）曾经深刻地揭露了霸权认同的实现，是以他者、非科学、自然，或那些被贬低而使其不成为人的他人为代价的。阿格尔在此基础上把二元主义逻辑斥责为法西斯主义逻辑，因为它把征服世界视为对自大主体的一种浮士德身份确认。阿格尔这样做不是把撤退视为一种充分的政治后果，而是"揭露这种作为征服之隐形亚文本的合约真相，即饱含劫掠性的主体自发地剥夺了这个被建构为非我（not-I-ness）及非它（not-it-ness）而保持缄默的客体世界"❶。男性把生产主义看作他们自身的再生产，利用自然来确证自我，然后扩张这种权力，从而变成一种世界历史性的支配动机。

阿格尔还注意到，一些女权主义者很有趣地把这种普罗米修斯主义傲慢，追溯到早期采猎社会中男性对女性的最初服从。虽然这是类似于弗洛伊德的原初部落概念的一种讽喻性工具，但是这种女性再生产优于男性再生产的原初优先性，正好可以反对男性的表面优先性，从而为再生产受控的观点提供了一个历史唯物主义基础。不过阿格尔也指出："这种女权主义左派的理解缺乏适合于当今多元决定及过度管理现实的解放理论。那种解放理论以充分地突破占统治地位的二元主义，把它解构为阿多诺所说的客体优势。它不但要促进反抗，还要激励人们构想新的生活方式。"❷ 其实，即使没有女权主义的这种讽喻，主客体关系的问题也可以像施特劳斯和其他学者那样用思维及社会的深层结构来解释。把在自然中加以浮士德式自我外化的现象，重建为一种男性蓄意理解自我具有生物学上优先性的虚构，至少可以提出与自我、文本、他人、自然进行交往的替代性模式。这些替代性模式不是二元主义的，也不是性别歧视的、宰制自然的或资本主义的。

总之，阿格尔把"快速资本主义"社会支配的轴心性结构逻辑，重新表述为各种有价值之物支配无价值之物的等级制。那么，现代主义文明的主要结构

---

❶ BEN AGGER.Fast Capitalism：A Critical Theory of Significance［M］. Champaign：University of Illinois Press，1989：37.

❷ BEN AGGER.Fast Capitalism：A Critical Theory of Significance［M］. Champaign：University of Illinois Press，1989：38.

原则就可以表述为一系列生产支配再生产的等级制。这种等级制包括资本支配劳动、男性支配女性、白人支配有色人种、科学支配艺术、物质支配思想、西方支配东方、北方支配南方、物体支配文本等多种形式。这种等级制的共同之处在于，那些以前被认为是非生产性的或再生产性的活动臣服于生产主义的价值规则。阿格尔在这种重构中增强了批判理论的普遍适用性。这虽然更好地揭示出以前所忽视的或在别处把它们归于资本批判一般理论逻辑之下的所有等级制，但是也存在以对等级制的关注而僭越对私有制的思考这一舍本逐末之弊端。

第二节　惩戒性文本的凸显

阿格尔观察到文本从传统的书籍样态正向当下的物体样态转型，指出文本物体化与物体文本化的并存趋势。注意区分惩戒性书籍与批判性书籍，以及相应的惩戒性文本和批判性文本，是清晰理解阿格尔"快速资本主义"批判时务必注意的重要前提。阿格尔一方面感叹作为批判性文本的传统（纸质）书籍在后现代主义社会里日益衰落而沦为物体，一方面悲叹作为意识形态的惩戒性文本在后现代资本主义社会里愈加弥散。对这两种文本此消彼长的反思，成为阿格尔批判"快速资本主义"的基本话题。

一、凸显的惩戒性文本

文本的原意是指书写成文的书籍或文章，后来泛指各种文化表达。也就是说，"文化总是体现为各种各样的符号，举凡人类的器具用品、行为方式，甚至思想观念，皆为文化之符号或文本"。[1] 阿格尔认为随着资本主义社会的发展速度不断加快，惩戒性文本成为马克思等人在早期资本主义时期所说的意识形态的代名词。在"快速资本主义"社会里，货币、科学、高楼、数字较之传

---

[1] ［美］道格拉斯·凯尔纳. 媒体文化：介于现代和后现代之间的文化研究、认同性和政治［M］. 丁宁，译. 北京：商务印书馆，2013：1.

统的书籍，虽然不容易被人们解读为文本，但它们才是真正的新型的惩戒性文本，编码了资本主义的意识形态。❶ 货币、科学、高楼及数字，这些新型文本作为"快速资本主义"中的主要文本，构成一种实证主义文化，从而导致人们很难对之加以解读，进而加以重新表述。

类似于后结构主义者，阿格尔力图把文本性概念从写作本身扩展到各种文化表达，从而认识到很多"文本"不是真正被那些具有叙事性自我意识的书写者所完成，或者即使是由他们所完成，它们也被去作者化（deauthorization）而仅仅成为社会自然。很多无生机的社会景观已经被刻意地塑造，编入了那些诱发人们欠思考行为的符码信息。文本成为了一种更广泛的社会景观，而这种社会景观进而又把文本性吸收到隐性劝诱的各种符号——文本以及意识——存在论层面上。❷ 阿格尔希望人们牢记这种被吸收的文本性的叙事本质，以便认识到解构性的解读与其说是要去恢复写作的纯洁性，不如说是把那些被吸收的文本加以解码，进而解构地指出它们被整编到社会景观中是如何成为社会自然的。

阿格尔指出，其实西方文化的结构性符号系统已经类似地描述了一种社会自然。这种社会自然是如此的复杂纠结，以致很难分清楚在这些结构性文本、论题、涉及对象之间所存在的边界。借助于把文本安置在物体中，"快速资本主义"力图诱导那些被读者认为是无法避免的、必要的、如同自然的行为。❸ "快速资本主义"空前地消解了文本与世界之间的边界，以诱发自身价值在实现时只借助于读者自觉的精神系统，比如电视广告在短暂的闪现中起到同化作用，进而达到自己的欺骗目的。实证主义文化就是以人们毫不犹豫的接受及盲从的方式，而实现与此类似的结果。实质上，惩戒性文本通过依附于他物而掩盖了自身的文本性，向阅读者暗示尽可能地成为文本所描述的那样。

不同于后结构主义的是，阿格尔不认同凡物都是文本的看法，因为那样的

❶ BEN AGGER.Fast Capitalism：A Critical Theory of Significance［M］. Champaign：University of Illinois Press，1989：24.

❷ BEN AGGER.Fast Capitalism：A Critical Theory of Significance［M］. Champaign：University of Illinois Press，1989：45.

❸ BEN AGGER.Fast Capitalism：A Critical Theory of Significance［M］. Champaign：University of Illinois Press，1989：44.

话，在他看来只会把政治批判边缘化为一种教化的、美学感性的模式。尽管文本仍然是文本、意识形态仍然是意识形态，但又确实很难理解"快速资本主义"中的本真意义之所在。那些被掩蔽的语言符号，在诱发既定秩序时起到了意识形态的作用。渐渐地，人们之所以做其所做的事情，是因为货币、科学、高楼、数字这样的文本，把人们的思维方式和行为方式暗示为似乎是不可改变的模式。在惩戒性文本掩蔽了那些强迫发生一定事态的创作意义时，那就取代了人们的独立思考。

虽然阿格尔不否认书籍仍然存在的事实，但他认为现在人们所看到的这些书籍往往也只是一种惩戒性文本，原因在于它们仅仅是用个人简历、报章杂志以及转移人们视线的肤浅小说来复制它们的描述对象，很容易去阅读。它们既没有让人们与现实之间保持一定的距离，也没有对我们所知道的世界提出挑战，而只是以商品化的、促消费的现实来实现文本自身。批判性公共书籍作为语言符号，无法传达一定的批判意义，丧失了表达解放意思的能力。惩戒性文本依附于物体，弥散到一个类自然的社会世界中，取代了积极的写作。❶ 这两种情况在后现代资本主义社会里都是可以见到的，导致诸多惩戒性文本仅仅起到肯定资本主义社会现实和进行娱乐的作用，让人们忙个不停。

阿格尔之所以在文本层面进行深入思考，不是因为他把解放计划局限在读写领域，而是因为离开概念本身去把解放计划描述为可能实现的图景是不切实际的，人们不可能凭空去构想一个新的社会制度。如果将阅读者和书写者叙述性的文本转化为真正的社会关系，也就是用维特根斯坦（Luduig Josef Johann Wittgenstein）所说的语言游戏而挑战文本的自我实现，就避免了令 19 世纪唯物主义者头疼的唯心主义。❷ 阿格尔虽然承认世界不完全是一个文本，但所有的写作都是世俗的，也就是说它们都建构了一个世界。阿格尔所探讨的文本与世界之间的脆弱边界一旦消失，就容易导致批判性文本的退隐和惩戒性文本的扩张。

---

❶ BEN AGGER.Fast Capitalism：A Critical Theory of Significance ［M］. Champaign：University of Illinois Press，1989：73.
❷ BEN AGGER.Fast Capitalism：A Critical Theory of Significance ［M］. Champaign：University of Illinois Press，1989：30.

二、惩戒性文本的实证主义文化之源

惩戒性文本为何能够广泛地存在于"快速资本主义"社会？其中的原因固然很多，但阿格尔更多地关注了作为其直接原因的实证主义写作。制造了惩戒性文本的实证主义写作弥散到一系列文本—物体中，并被如同自然一般的文本—物体掩盖，拒绝可能的揭露。那些被弥散到建筑环境、文本环境、数字环境中的实证主义写作，以它们所希望被解读的那种方式而引起人们的注意。同时，那些被掩盖在文本—物体中的实证主义写作，在"快速资本主义"中否认解读是一种创造性实践，鼓吹那个被它们描述为无法避免的僵化世界。这就犹如马克思当年质疑的那种资产阶级经济理论所描述的一个类自然的经济世界，被认为体现了一种不可改变的合理性。

阿格尔认为，实证主义写作泛滥的例子随处可见，比如，在社会学内部中就出现了众所周知的塔尔科特·帕森斯（Talcott Parsons）对父权制家庭的辩护。阿格尔不是说任何事情都可以被解读为"文本"，而只是说文本实践，尤其是当它在以隐藏了自身作者性（authority）的方式而出现时，是一种强有力的物质力量。作为一种知识理论的实证主义，是自我掩蔽性写作的一种经验形式，把自身混同于它所揭示的那个世界。实证主义写作因把自身混淆于论题而成为意识形态，体现了无预设地再现知识模式的实质。它在"快速资本主义"中为了掩蔽其消除自身与世界差异的企图，"希望把世界本体论化为一种不变的历史，进而诱引人们要么是钟情于命运，要么就知道屈从，甚至是嫉恨"❶。

阿格尔承认自己在这里存在着把自己所说的那些仅仅是趋势的现象加以本体论化的危险，因为非实证主义书写的可以作为批判中介的书籍仍然存在。但在马克思主义及女权主义的公共性地位似乎已经让位于对二者的文学及文化风格偏重时，再假定批判性文本足以与那种能够干涉思考问题选择的事物保持一定的距离，几乎是不可能的。虽然马克思主义和女权主义仍然存在，但它们基本上被"快速资本主义"学术化。批判性文本在吸取失败的教训时，必须把保持自身独立视为一个重要问题。不过也应该看到，尽管经验证明批判性文本命

❶ BEN AGGER.Fast Capitalism: A Critical Theory of Significance [M]. Champaign: University of Illinois Press, 1989: 42.

运多舛，但是其通过顽强地抵制自身沦为标语和习俗的实证主义写作倾向，为自己的政治命运而不停地斗争。❶

"快速资本主义"为了维持自身的快速推进，必然要求与之相适应的实证主义写作的节奏不能太慢。在阿格尔看来，这种写作之"快"在"快速资本主义"中就意味着惩戒性文本草就，然后迅疾地汇入社会。"快速资本主义"利用了文本与话题之间关系的内在短暂性，将文本去作者化（deauthorization），使之似乎根本不是人们写作的结果而仅仅是对永恒世界的拷贝，从而只能复制它。就惩戒性文本的顽固性而言，它如同自然也似乎成为永恒中不可改变的一部分。"特别是，文本自然地反映或再现了既定的事物法则，并依此而成为了一种物体。"❷ 比如，作为惩戒性文本的实证主义科学，既是一种强有力的实证主义写作形式，极力掩盖自身的文学性，又是罗伯特·莫顿（Robert K. Merton）所说的自我实现预言观的一种扭曲形式，自从一开始就诱引那种它所希望的证实。

惩戒性文本的草就，又必然要求快速阅读与之相匹配。也就是说，人们对其仅仅一扫而过，以致根本来不及把它解读为一种中介行为和思考活动。阿格尔说："在快速资本主义中，文本性在自身对象化的过程中被吸收，从而被接受的速度是如此之快，以致它无法被记忆。这种即时性完全让人们来不及对已阅读过的内容加以记忆，更不用说去为之写作啦。"❸ 也就是说，尽管每一种文本都对象化了自我，但只有部分文本可以在把文本性加以弥散的"快速资本主义"中免于自我异化。面对速度很快的惩戒性文本，人们不仅几乎不能"阅读"它们，也几乎不能把它们加以改写。阿格尔认为，只有借助于深入思考的阅读，才能把图像、符号、信号在向我们闪现时的速度加以减缓；只有批判性的写作，才能放慢惩戒性文本的节奏，从而引发对惩戒性文本即时性的积极重建。

❶ BEN AGGER.Fast Capitalism：A Critical Theory of Significance［M］. Champaign：University of Illinois Press，1989：43.
❷ BEN AGGER.Fast Capitalism：A Critical Theory of Significance［M］. Champaign：University of Illinois Press，1989：43.
❸ BEN AGGER.Fast Capitalism：A Critical Theory of Significance［M］. Champaign：University of Illinois Press，1989：45.

实证主义写作在制造大量惩戒性文本的时候，既利用了也加剧了语言的歧义性与压制性。一般说来，语言以现实自我物化、耗竭、展现的方式，体现出组织现实的能力。阿格尔承认即使是自己写作的批判性文本，也并非完全与它那常常遭贬为尾注、序言、题词、跋等自反性外围无关。"这是因为写作在利用语言提出相应的论题时就编码了从而转换了对象世界，从而所有的写作都必须面对语言所固有的大量歧异与压制。"❶阿格尔以阿多诺提出了一种实际上是音乐版的批判理论为例，指出资本主义社会中语言被如此地管制，以致人们只能借助于艺术，尤其是音乐来构想一个更美好的未来。❷语言被管制的情形在"快速资本主义"中，较之以往更为严重。

阿格尔希望把阿多诺所说的艺术概念，扩展为包括那种坦率承认自己文学特质的散文，或者完全能够以哈贝马斯交往伦理观的精神提出一种关涉美好社会的文本实践的形象化描述，以便出色地揭示"快速资本主义"社会中实证主义写作对语言的过度决定和管制。阿格尔指出，阿多诺深知历史总是受到自身变革的困扰，写作也是如此。阿多诺用诗化的语言来描述社会支配，以便让概念疏远于世界，颠覆后者对前者的支配。❸阿格尔不但同意像阿多诺那样以执拗的诗化语言建构的"现实"，以便让这种"现实"摆脱自身与我们用以描述它的语言的同一，而且同意阿多诺夸张地想象一个不同于当下的世界，以便让人们从意志消沉中振作起来。阿格尔强调，"越是语言过度决定了他物，越需要人们注重从它的过度决定性，用阿多诺的术语来说就是'从内部'来理解语言"❹。

三、泛在的社会惩戒

深受实证主义文化影响并体现了实证主义文化的惩戒性文本，就像后现代

❶ BEN AGGER.Fast Capitalism：A Critical Theory of Significance［M］. Champaign：University of Illinois Press，1989：48.

❷ ［美］本·阿格.作为批评理论的文化研究［M］.张喜华，译.开封：河南大学出版社，2010：79.

❸ ［德］马克斯·霍克海默，西奥多·阿道尔诺.启蒙辩证法：哲学片段［M］.渠敬东，等译.上海：上海人民出版社，2003：1.

❹ BEN AGGER.Fast Capitalism：A Critical Theory of Significance［M］. Champaign：University of Illinois Press，1989：49.

资本主义的整个物质性基础设施一样顽固。它实质上日益作为意识形态符码而被嵌入货币、科学、高楼及数字之中，从而很难被批判性地解构。阿格尔指出，源自于经典马克思主义的初期法兰克福学派早已注意到，马克思的意识形态批判揭露了那些不能成立的虚假主张。这些虚假主张在今天的"快速资本主义"社会里依然随处可见，并快速地繁殖了新的虚假主张。为此，阿格尔探讨了惩戒性文本的社会恶果。

首先，惩戒性文本在"快速资本主义"社会中通过掩蔽自己的真实目的而诱导人们屈从于当下现实。在继承马克思意识形态批判、法兰克福学派社会支配批判的基础上，阿格尔认为文本在"快速资本主义"社会里被弥散到物体中之后，迅速地展现和被人们阅读。一旦文本被自身隐蔽地、潜意识地建构的"现实"所吞噬的时候，思想就被忽视了。同样的道理，如果马克思主义无视自身容易变为自然的一部分而成为物体，那么马克思主义在传统意义上把扭曲的现实加以去神秘化（demystification）的努力不仅会失败，甚至还会成为一种肯定性的声音，不经意地认可了生产优于再生产❶，致命的是还包括自己的文本在内。阿格尔把马克思解读为一个在数字成为文本以前的文本解读者，一个使用不同术语的批评者，这是因为马克思在解读货币时已经暗示了货币是资本主义社会中最重要的政治场域。

"快速资本主义"社会里的文本变成了物体，从而凝固到自然中，成为一面反映存在论为不可改变之物的镜子。实证主义把这面镜子隐蔽为它所假装无预设反映的自然的一个构成部分。作为镜子的文本性，不但归属于世界，而且通过隐蔽自身而复制了世界。阿格尔远没有高估那种被普遍化为一种普遍性语言游戏的实证主义力量，只是把实证主义看作被编码到外部环境中而作为自我解读的惩戒性源泉。对马克思来说，意识形态与世界保持着一定的距离，从而可以被解读为一种即使是错误的但又具有自主性的叙事，但对阿格尔来说，后现代资本主义的意识形态把自身隐蔽在各种文本中，就像货币以隐蔽其所再现从而繁殖社会关系的方式把自身物化到外部环境中那样，从而导致它们事实上只是通过反映这个凝固的社会自然而解读自我。

---

❶ 阿格尔这里谈到的"优于"，主要是从价值的层面而非过程的层面来说生产与再生产之间的关系。

在阿格尔看来，货币既是物体，又是文本。作为被弥散到外部世界中的文本，货币固化了受支配的劳动，把它交与生产并在交换中实现价值。作为一种物体，货币是积累自身的一种目标，从而深化了那种首先让货币增值的、在资本与劳动之间存在的等级制关系。换句话说，货币既体现了交换价值，也直接具有使用价值，这是"快速资本主义"中被弥散文本的双重特征。尽管阿格尔承认马克思在分析作为意识形态的宗教和资产阶级政治经济学时，过度地把意识形态视为一种自主性的叙事，但从解读货币这一体现了包含其在内的社会关系可以发现，"意识形态在其更为有效的加速阶段中既是物体又是文本"[1]。因而，意识形态可以被解读为表现了由货币所支撑的一个完整的社会结构，同时也构成了一个需要被独立认识的物体。文本既是社会关系也是物体，一旦它们被创作出来，就可以被理解为既有经济价值也有符咒魔力。

阿格尔提请人们一旦注意到马克思对货币同时具有文本性和功用性的解释，那么马克思对货币的精彩分析就重建了过度的二元主义的意识形态理论。货币既为自身中被物化的世界提供了基础，并因此而受追捧，进而繁殖它所反映的世界。货币的虚假性存在于它所掩盖的资本与劳动之间关系的真实，也就是说货币只有在工人被榨取了剩余价值时才是可能的。货币"本身"也是"物体"，它的作用在于它是一种价值标准，物化了资本与劳动之间的关系，诱导了一个其目的性被掩盖的世界。[2]货币讲述了存在于它那被弥散到外部环境中的物化社会关系的真实性，它的功用恰恰存在于它很难被解读。货币越是难以被解读，而仅仅是被占有，它似乎就越不是一种文本。不过，正是因为这个原因，货币更应被解读为一种文本。这也启示人们，文本作为物体，在"快速资本主义"中强有力地诱发那些被它们再现为在存在论上似乎是不可改变的行为。[3]人们愈是不把作为文本的"物体"解读为有意的制作，它们就越是主宰了人们以及人们的社会安排。

[1] BEN AGGER.Fast Capitalism：A Critical Theory of Significance［M］. Champaign：University of Illinois Press，1989：52.

[2] BEN AGGER.Fast Capitalism：A Critical Theory of Significance［M］. Champaign：University of Illinois Press，1989：52.

[3] BEN AGGER.Fast Capitalism：A Critical Theory of Significance［M］. Champaign：University of Illinois Press，1989：52.

除了解读货币之外，阿格尔还解读了与货币密不可分的科学，揭露其借助于似乎根本不是在描述世界而实质上是在镜像世界的卑劣做法。在阿格尔看来，虽然货币一直很重要，但它现在与科学比肩而成为"快速资本主义"社会中主要的社会支配"文本"。较之慢速资本主义社会，"快速资本主义"社会常常利用科学来诱导人们不去解读货币。也就是说，尽管"快速资本主义"社会中的劳动仍然是以货币为中介而丧失自我，但是弥散到自然中的科学却麻痹人们不再把货币解读为相应的文本。当下，只有解构性的批判才能解码科学，从而揭露其是如何塑造整个社会环境的。科学类似于货币，在其本体化的过程中再生产了一种社会存在法则，从而强制那个已经被它本体化为类自然之物的世界。

阿格尔提醒人们现在不仅需要像解读货币那样把科学解读为一种压制了想象力的主要生活方式，还需要把高楼和数字也解读为文本，从而指出它们在掩盖了自身文本性诡计时诱发了那种以其冷漠思想所塑造的冷漠社会。"快速资本主义"社会的意识形态把社会伪装得更像是自然，压缩了自身与之的距离，引诱人们屈从于社会当下。也就是说，在书籍足以与物体保持距离时，物体就是可以被批判和重新表述的，但是"快速资本主义"社会中诸多书籍与之所理解的社会距离太近，以致弥散到拒绝被解读的外部世界的符码之中。❶ 文本遭贬为物体，从而压制了对物体进行重述的机会。只有解构性的批判才能描述那些似乎根本不是文本的事物，进而曝光被编码在货币、科学、高楼及数字中的政治议程，进而把文本—物体揭示为它们所主张的价值法则。

总而言之，阿格尔认为货币、科学、高楼及数字都不是价值中立的，也不仅仅是再现"快速资本主义"社会。货币暗示了其拥有不可替代的价值，从而扩大了它对符号的等级制优先性；科学企图优于非科学，尤其是优于艺术；高楼以其强加的顽固性暗示着一种持久性，从而否认没有住房的生活；数字把数目优于概念的法则加以本体化，从而把社会政策乃至整个社会加以货币化。货币、科学、高楼及数字都是积极主张特定等级化价值法则的文本，并利用这些

---

❶ BEN AGGER.Fast Capitalism：A Critical Theory of Significance［M］. Champaign：University of Illinois Press，1989：53.

法则保证它们优于那些仅仅是它们所暗示的他者性。❶

其次，惩戒性文本在"快速资本主义"社会里致使民主政治衰落。在阿格尔看来，"快速资本主义"社会惩戒性文本的殖民化力量，已经渗透到以前被认为是"私人领域"的文化、性别、人格之中，从而把政治压制的欠思考性墨守成规地编码进日常生活，进而造成古希腊意义上的城邦在"快速资本主义"那里是空洞的。政治存在于那些似乎最不是政治的地方，即存在于社会自然中。虽然政治争论的文学性构成，为政治保留了可以保持独立并对世界加以评价的权利，但是当政治弥散到那些诱导人们复制这个世界的物体化文本内，辩论中以话语性表述为主体的传统政治就变得无效了。这样一来，批判性思想以批判为中介而保持独立，惩戒性文本在贬斥这种独立性的同时也阻塞了政治辩论的读写性。❷

阿格尔极力反对惩戒性文本的大肆弥散，因为它消解了公共领域与私人领域的脆弱边界，导致私人领域与公共领域的相互错位，并编码了那些贬斥创作进而驱逐批判性重估的无形文化文本，迫使公共交谈让位于管制性的私人化消费。在他看来，借助于主张任何人而不仅仅是男性和地主阶级都应该被城邦所接纳，马克思主义和女权主义者深化了古希腊的政治观。极具讽刺意味的是，政治在"快速资本主义"中被认为是腐败而应加以回避的，意识形态的终结被颂扬为超越了腐败及古希腊城邦政治激情的千禧年进步。❸事实上，意识形态并没有终结，它只不过采取了一种不可预见的新形式——弥散到货币、科学、高楼及数字中而成为无形的实体。

惩戒性文本拒斥批判性地解读任何文本。"说人们不再喜欢解读，固然很容易，但更应注意到人们一旦通过解读而意识到世界的不完美时，人们就不想去解读。"❹也就是说，人们宁愿默认这个吞噬了传统叙事的世界，也不愿因去

❶ BEN AGGER.Fast Capitalism: A Critical Theory of Significance [M]. Champaign: University of Illinois Press，1989：53.
❷ BEN AGGER.Fast Capitalism: A Critical Theory of Significance [M]. Champaign: University of Illinois Press，1989：54.
❸ BEN AGGER.Fast Capitalism: A Critical Theory of Significance [M]. Champaign: University of Illinois Press，1989：54.
❹ BEN AGGER.Fast Capitalism: A Critical Theory of Significance [M]. Champaign: University of Illinois Press，1989：57.

解读它而引起焦虑。其实，文本并没有绝对神秘地成为物体，但它们的弥散既便利了权力的运作，也安抚了那些拒绝总体化、理论化及深入思考的人们的情感。相反，那些希望思考的人们则要遭受更大的心理折磨，甚至还有政治风险和生命危险，这也就解释了公共知识分子和解读者都很少的原因。这两种情况互为条件，很难再以那种塑造一个不同世界的方式去写作，而这种写作方式恰恰保证了批判性的存在。

如同哈贝马斯，阿格尔不仅认为写作中的建构是借助于兴趣的优势而进行的，也强调如果人们理解了从政治热情的视点所完成的各种描述都具有可矫正性的话，兴趣就不必然玷污写作。非实证主义的科学作为小说而不同于文学，仅仅是因为它在方法论上主张自我的真实性，否则便没有什么不同。"人们之所以回避兴趣，是因为人们相信绝对的知识可以客观地获得。这对于韦伯那样的人来说，尤其要借助于知识理性的操作主义，那是地地道道的知识顺从。"❶货币、科学、高楼及数字这些弥散的文本在今天之所以都受欢迎，是因为它们似乎抛弃了论辩中的激情，反对具有怀疑性唯心主义的态度。它们只是拷贝，书写中的忠实重蹈了无用激情的覆辙。

最后，惩戒性文本在"快速资本主义"社会里因鼓吹技术理性而导致写作活动的异化。阿格尔反对那种把知识判断归结为纯粹功利重要性的纯粹技术理性，以实现非官僚化。在写作不能有效地抵制自身被异化为物体的时候，合理性就成为一种异化的存在。事实与价值的区分意味着不仅仅是对这二者加以区分，而是让事实性的存在支配价值性的判断。阿格尔批评韦伯假借价值中立以支持官僚制资本主义组织的技术合理性，认为韦伯回避了更为重要的真理及正义问题，从而完全销蚀了理性。阿格尔肯定古希腊人、黑格尔和马克思都预设了处于政治现象存在之外的一个道义制高点，借之可以评价社会安排。此外，阿格尔还赞赏马克思的如下观点：在理性地解决政治问题时，也不要忽视历史。不过，韦伯的合理性理论以把私人评价与公共政策加以割裂的方式，完全暗示了批判性中介的衰落。也就是说尽管韦伯不是在反对书籍，但他的技术合理性思想预示了惩戒性文本模式。写作在这种文本中，将以只指向实证主义文

---

❶ BEN AGGER.Fast Capitalism：A Critical Theory of Significance［M］. Champaign：University of Illinois Press，1989：56.

化的事实性的方式来解决实质性问题。

马尔库塞是最早关注发达工业社会中新的技术政治支配形式的批判理论家之一。他也因此成为当代专注于技术、法西斯主义和发达工业社会变迁的重要理论家。❶ 阿格尔也像马尔库塞那样，批评技术理性在"快速资本主义"中倾向于取代传统的思辨性判断而成为一种规范。这是因为对于相应的社会而言，技术理性本身就充满了存在论的及政治的偏好。惩戒性文本有关组织问题可以被价值中立解决的假设，掩盖了技术理性对"快速资本主义"的深层投入，从而致使官僚制合理性成为资本主义商业组织乃至整个资本主义社会的合理性。写作在"快速资本主义"中也成为一种技术，仅仅是拷贝这个世界。❷ 不过，它在这样做的时候也要借助于存在论和政治诉求，希望把现状描述为具有充分可能性的未来。

一旦技术理性取代了文本性，写作在思考、批判等活动中所起到的中介作用就丧失了。文本越是成为物体，它就越是倾向于只是技术性地复制。尽管不存在纯粹无预设的写作，但是那种声称无预设的版本却编码了一种维持世界现状或者似乎有此意图的特定议程。用于中介思考与世界的文本，本想成为其本身反倒成为一个世界，从而难以保持自身对特定事态的忠实态度。阿格尔说："货币、科学、高楼及数字，实际上就是韦伯所说的理性化的典型代表，极力从中介与构成中清除价值理性。我承认韦伯也希望书籍与它所揭示的对象世界保持独立，因为他生活在节奏较慢的资本主义时代，当时的意识形态更多采取的是新教主义、国家社会主义、军国主义等话语形式。"❸ 不过在"快速资本主义"社会，合乎韦伯所说的纯粹技术理性加速了文本向外部世界的弥散，作者性被掩盖在本体论的中立性之下。对人们自我版本兴趣的文学性忠实，是以一些最深刻的政治依附即实证主义文化祸害形式来实现的。

阿格尔揭露"快速资本主义"中最坚不可摧的价值冷漠立场，指出它把其

❶ ［美］马尔库塞.马尔库塞文集（第一卷）［M］.高海清，冯波，译.北京：人民出版社，2020：4.
❷ BEN AGGER.Fast Capitalism：A Critical Theory of Significance［M］. Champaign：University of Illinois Press，1989：55.
❸ BEN AGGER.Fast Capitalism：A Critical Theory of Significance［M］. Champaign：University of Illinois Press，1989：56.

文学性欲望掩盖在技术外衣之下。❶ 在他看来，只有在我们幻想一种绝对消除了主张及预设的知识标准时，兴趣才会玷污理性。韦伯在反对思辨哲学的随想和理论时本体化了技术理性。相反，马克思的历史唯物主义和随后的法兰克福学派都坚持黑格尔的世界历史合理性的古希腊观点，而没有提及一种阿基米德立脚点。理性是一种我们借之可以判断社会关系是否平等的标准，也是一个人们借之可以实现那种"目标"的过程。虽未能保证绝对价值，但并不意味着要从价值判断中撤退。一旦把理性安置在历史之中并认识到甚至是欢迎它的视角性，教育者受教育的重大困境就很容易被破解。

总之，马克思最初的意识形态批判在阿格尔那里，被转换成为一种对存在—意识形态（onto-ideologies）的批判及辩证回应，论述了存在—意识形态在"快速资本主义"中使自身去文本化（detextualization）而保证其有效性。一旦符号指令行为的方式实现即时性接受，要揭示这种现象就最好借助于挖掘那些被深深压制在草就的文章和数字表象之下的真实创作意图。也就是说，一种解构版本的批判理论把文本的副本转化为词语，从而使之介入到对话甚至是争论之中。阿格尔希望批判性的解构，远离对再生产加以支配的强大中心力量，而此种力量将一切目标都归结为可替代性与可操作性。在本书的第四章笔者会详细论述阿格尔借助一种文化研究议程来深化法兰克福学派的批判理论，把批判性解构理解为必须努力让被惩戒性文本压制的人们为自己辩护，从而开启交往与共同体的对话路线。

第三节　文本之意义的遭贬

"快速资本主义"中文本样态的急速转型，导致传统文本所蕴含的本真意义也随之遭贬。阿格尔所说的公共书籍的批判性意涵遭贬，不是在探讨语言被误解的一般趋势，而是要探讨从现象上看是词语完成思考行为能力的日益

❶ BEN AGGER.Fast Capitalism：A Critical Theory of Significance［M］. Champaign：University of Illinois Press，1989：56.

衰落❶，而在实质上就是自主性批判思考及其读写实践遭受贬黜的趋势。正是通过对公共书籍批判性意义遭贬的讨论，阿格尔着重批判了"快速资本主义"对自主性批判思考及其读写实践的严重侵蚀。❷

一、遭贬的文本之意义

在阿格尔看来，如同资本主义社会的变动，所谓的文本也不是一成不变的。文本在以往更多地为封面所包裹，从而被人们称为纸质书籍，但在当下人们日益发现它们作为符码被嵌入货币、科学、高楼及数字之中。阿格尔并没有一概而论地肯定或否定文本的作用，而是指出文本既可以实现强制，也可以促进解放。❸不同于本章上一节对惩戒性文本泛在的批判，阿格尔这里着重探讨的是批判性文本所蕴含的批判性意涵的删减。

伴随着书籍文化衰落这一传统文本转型而来的是批判性文本之意义遭贬，这在"快速资本主义"社会里日益凸显。阿格尔以其所推崇的阿多诺著作为例，这些著作在"快速资本主义"社会的一些书店中只意味着被称为批判理论的一书架书，或者是在二手文献中特定的注释及参考文献，从而导致阿多诺的著作在"快速资本主义"中已经成为物体，丧失了超脱于世界进而可以进行别样思考的能力。这就类似于哲学家萨特在拒绝诺贝尔文学奖的时候抵制自己的"制度化"所表达的想法。❹阿格尔认为"快速资本主义"社会中包括批判性文本在内的所有传统文本的意义遭贬的情况，均较之以往更加严重。也就是说，文本纯粹地物化到外部世界而成为一种强迫性的被动"阅读"，从而渗入人们的日常生活，进而几乎杜绝了人们从外部对之加以批判的可能。

尽管批判性文本所承载的批判性意义遭贬在"快速资本主义"社会里是不争的趋势，但"快速资本主义"的快速发展削弱了各种反对意见，以致人们很

---

❶ BEN AGGER.Fast Capitalism: A Critical Theory of Significance ［M］. Champaign: University of Illinois Press, 1989: 6.

❷ 在阿格尔那里用的是"Signification"，指文本本身的意义。这里还指这种意义的重要性。

❸ BEN AGGER.Fast Capitalism: A Critical Theory of Significance ［M］. Champaign: University of Illinois Press, 1989: 58.

❹ BEN AGGER.Fast Capitalism: A Critical Theory of Significance ［M］. Champaign: University of Illinois Press, 1989: 6.

难提出批判性文本之意义遭贬的问题。阿格尔指出,"快速资本主义"的社会支配中心的力量越强大,它就越把对之持有的异议加以边缘化,而这些异议越是被整编,中心也就变得越强大。这是一种恶性循环。正是因为存在这种恶性循环,人们很难不去使用这个社会中的快速文本去思考与之不同的社会。更为不幸的是,这种快速文本把持有异议的写作仅仅归结为既定的话语。一旦话语被弥散到惰性的环境中而根本不能被解读为文本,文本的意义在"快速资本主义"中就被贬黜了。一般来说,本体论化的科学、文化及政治与其所揭示的现实保持了独立,因此可以被重新表述。可事实上,揭示并解读了文本意义的文本性批判在"快速资本主义"中被阻止,导致文本在指意时没有被如此理解,从而再生产了那个以实证主义科学及文化的思维框架来讲述的世界。❶

阿格尔提出,"快速资本主义"中文本性的前途,尤其是蕴含批判思想的文本性前途,之所以直接是一种意识形态批判模式,是因为任何人都要适应自己的文本可能被管制和简化的时代潮流。在"快速资本主义"实证主义文化中,想象力被局限在当下的文本及其结构之中。从这个意义上说,意识形态的本质还没有改变。它希望打开有限的个人生活改善之门,同时又关闭了实质性社会变革之门。借助于把示意物(signifiers)嵌入世界中,意识形态诱发各种导致顺从行为的事态,从而希望这个世界重复自我的不变。这些示意物在以前是书籍本身,比如《圣经》及关于资产阶级经济理论的书籍等。❷尽管这些文本在"快速资本主义"里仍然存在,但是这些委婉劝告性文本自身也已经成为物体,以致以批判性评估的方式也很难解读它们所暗示的各种行为。

阿格尔指出,资本主义节奏加快造成文本意义的逐渐减少,致使文本自身变成物体,这一现象就像初期法兰克福学派所理解的那样,是其特征为全面管制的后现代资本主义社会的本质体现,用哈贝马斯的话来说就是"生活世界殖民化"。"快速资本主义"一如既往地借助于把人们的各种行为加以商品化和客体化,把人们的各种行为都纳入等价交换规则中,从而在经济上维持自身。阿

❶ BEN AGGER.Fast Capitalism: A Critical Theory of Significance [M]. Champaign: University of Illinois Press, 1989: 59.

❷ BEN AGGER.Fast Capitalism: A Critical Theory of Significance [M]. Champaign: University of Illinois Press, 1989: 8.

格尔极力对"快速资本主义"里文本意义遭贬的解读,就像马克思把作为客体化媒介的货币加以解读一样。将各种行为加以商品化和客体化,对"快速资本主义"来说不是什么新东西,只不过其节奏加速而已。坐上"快速资本主义"这趟高速列车,思维几乎不能再思考这个世界。即便还有些许思考,也几乎不经过交谈及文本这些话语中介。

二、文本意义遭贬的多重动因

阿格尔着重从"快速资本主义"的制度逻辑、文本性的自身逻辑与阅读者的生活逻辑三个方面,分析文本意义在"快速资本主义"社会中遭贬的主要原因。

首先,"快速资本主义"迅速地贬黜文本意义,以掩盖其自身的社会支配。随着"快速资本主义"惩戒性文本的凸显,诸多文本意义迅速而广泛地弥散到物体之中。一旦有些物体吞噬了独立于其所揭示的话题及其对象世界的文本的意义,文本意义也就遭贬。在阿格尔看来,哈贝马斯所说的"殖民化涉及文本"以非话语的形式进行弥散,然后诱导人们把它们解释为不可改变的社会自然,而此种结果一直是资本主义社会理性管制的目标。之所以在"快速资本主义"中文本的弥散也是一种社会理性管制方式,是因为文本实际上把自己的意图弥散到物体中表达一定的意思,而不再是一般意义上所说的示意物。

阿格尔认为,承载了思想的文本意义在"快速资本主义"社会里几乎不能独立于其所指称的话题和物体。由于文本意义遭受了贬黜,从而不可避免地删节了对社会的定性判断。在文本意义弥散并最终自我异化的时候,那种希望规范性地拒绝与其描述对象保持距离的写作,也讽刺性地将自己迷失在物体之中。文本的意义迷失在物体之中后,逐渐开始强迫其读者随波逐流,最终成为社会支配的力量。"在实证主义文化中,文本对自身而言意味着将被呈现为它们所编码的所谓宿命。资本主义的社会管制,千篇一律地管制了一切。"❶ 书写者和阅读者都成为了那种弥散到外部环境中遭贬意义的受害者,从而被迫地顺

---

❶ BEN AGGER.Fast Capitalism: A Critical Theory of Significance[M]. Champaign: University of Illinois Press,1989:69.

从、适应、调整自己的物质生活和精神生活。

"快速资本主义"之所以把实证主义作为掩盖其施加社会支配的主要工具，就是因为实证主义在物体中迷失自身后又成为强迫性的文本。弥散到建筑物和符号环境中的文本，其原本意义与其现实表现并不必然吻合。比如，思想和交谈在实证主义文化里都遭贬为它们所揭示的物体，从而不再具有理性判断的潜力。文本在实证主义的世界中遭贬为涉及文本环境及符号环境的各种画面，从而妨碍了它们的自我重建。阿格尔不是说所有将自身远离于社会支配中心的文本都具有辩证意义上的生机。毕竟，实证主义把其建构性叙事回避为自身真实性的一种方法论需要。阿格尔强调，社会不是一般意义上的"文本"，每一种文本也不都是解放性的。"就文本性的政治可能性而言，它必须被历史化。"❶必须承认，"快速资本主义"社会里的文本性因把自身弥散到那些抵制创造性解读的物体之中时，它就支配了自我，从而把它所诱发的世界加以本体化。

采取马克思解读货币的方式，阿格尔具体解读了实证主义科学对"快速资本主义"社会支配的遮蔽性。对马克思来说，货币遮蔽了资本与劳动之间的等级制关系，这种关系生产了货币，它反过来又被货币再生产；今天的科学既反映也诱发了一个惰性的世界。尽管货币和科学都可表达一定的意思，但它们很难被解读为文本，这恰恰是它们的魔力所在。在文本成为物体的时候，文本就绑架那个它们似乎只是对之做出再现的世界。因此，在"快速资本主义"中，意义是易被遗忘的。人们无须在货币与实证主义科学之间加以选择，而后把它视为文本之意义遭贬的模式，因为它们都很重要。其实，实证主义科学认可了货币对劳动价值的不断榨取，进而再生产了这种榨取。

其次，批判性文本的意义在"快速资本主义"中遭贬，与一些文本自身沦为物体的内在逻辑有关。阿格尔不但指出一旦解放性话语弥散到惰性的环境中而根本不能被解读为文本，其意义在"快速资本主义"中就遭贬了，也认为并非所有的文本意义都会在"快速资本主义"中遭贬。❷他说："马克思修正了

---

❶ BEN AGGER. Fast Capitalism：A Critical Theory of Significance［M］. Champaign：University of Illinois Press，1989：69.

❷ BEN AGGER. Fast Capitalism：A Critical Theory of Significance［M］. Champaign：University of Illinois Press，1989：59.

黑格尔的观点，指出人类在自然中的自我对象化只有在一定历史条件下才会出现异化。同样地，只有文本弥散到自然中而服务于权力、秩序和管制时其意义才会遭贬。"❶ 由此可见，除了文本意义被外部世界吞噬外，如果文本弥散入外部自然，没有服务于资本主义社会的权力、秩序和管制，文本的意义也可以持存。尽管如此，但事实上大多数情况下诸多文本均难以逃脱其意义遭贬的劫数。

虽然书籍在"快速资本主义"中变成了有字的物体，物体变成了无字的文本，从而颠倒了古代及早期工业资本主义中的思想与物质之间的关系，但这种现象也不是绝对的，因为还有人仍然在努力地撰写书籍，以便让文本与其所揭示的世界保持一定的距离从而摆脱资本主义社会管制的束缚。对阿格尔本人来说，他之所以写作，就是因为他相信自己的写作既不会平淡地转移人们的视线，也不会把自身弥散到外部环境中而作为诱发欠思考行为的一种物体。阿格尔反对把文本意义的遭贬视为一种揭示文本—物体的抵制模式。"鉴于快速资本主义社会中物体冷酷无情地压制了承载了批判性思想的文本，所以这些文本必须极力免于弥散到物体之中而保存自我。"❷

阿格尔相信书写批判性文本是一种重要的自我表达方式，不仅无须丧失文本性的特质，还欢迎读者以高雅的方式在共同体中对之做出回应。但事实上，不同于批判性文本，惩戒性文本则屈从于外在环境，作为一种刻意所为，它只是把明显非政治的事物加以政治化。在理解了物体如何成为自身以后，尤其是明白了它们向人们讲述了什么之后，人们就会认识到它们只是一些可以被重建和再体验的版本。是否重建它们，最终取决于人们社会力量大小。"但人们在一开始就要把笼罩着人们的环境，解读为一个可以被改写的文学性文本。这个文本是一种掩盖了自身的欺骗性叙事建构，包含丰富的意义。"❸ 文本意义在没有表达意思时，同其在表达意思时一样重要。其实，文本意义的自我掩盖是其

❶ BEN AGGER.Fast Capitalism: A Critical Theory of Significance [M]. Champaign: University of Illinois Press, 1989: 66.

❷ BEN AGGER.Fast Capitalism: A Critical Theory of Significance [M]. Champaign: University of Illinois Press, 1989: 73.

❸ BEN AGGER.Fast Capitalism: A Critical Theory of Significance [M]. Champaign: University of Illinois Press, 1989: 65.

内涵的一部分，如同福柯在探讨全景监狱时所表明的那样：表现为他物的监狱较之自身名为监狱，是一种不同而更为深刻的监禁方式。

"快速资本主义"中的文本借助于构成了社会结构核心单位的语言游戏，把它与他人连接在一起而公开了意识。在实证主义的影响下，话语直接把文本弥散到它所描述的物体中从而实现它们。虽然书写者的书写结果是一种描述存在的方式，但认为当下穷尽了历史则是一种欺骗。阿格尔举例说，帕森斯在定义家庭的普遍性时希望诱发家庭化的生活，从而造成这里的"文本"是对一般家庭的实证主义解释。帕森斯的"文本"以家庭自身似乎是不可改变的而产生实践意义，在那种表现为只是拷贝而不是建构的写作的实证主义条款中被认可。

阿格尔由此批评社会学文本的文学性在方法论上被压制，从而繁殖那个在写作中被描述为不同性别关系的一种不可避免的家庭情景。但在文本意义遭贬的"快速资本主义"中，就需要这样大量的弥散文本性。"用于区分词语和物体之间的脆弱边界，在那种成为自然自身一部分的实证主义版本的压力之下而破裂，丧失了它们自身在读写方面可矫正性的印记。名为特定社会关系的普遍性书籍，借助于遮蔽自身描述的创作性而现身。"❶如果男性与女性的本质被定格在文本中，写作就从那些以此文本来理解进而自娱的读者那里诱发这种现象。帕森斯的男性特征源自一种吸引男性读者的男性版本的社会自然。

实证主义方法论之于描述的劝诱功效，造成文本在历史中实现意识形态的宿命化功能。意识形态只是深化了那些我们已经知道是真实的东西，它所强迫发生的行为恰恰是抵制的空场，这样意识形态就不能被社会研究中的方法工具所探测。阿格尔认为"自己只需要揭示家庭是如何一直广泛存在的，就可以揭示帕森斯的家庭版本的物质性效能"❷。帕森斯没有塑造一种偏离的性别关系，而只是以微不足道的方式补充了性别关系的难对付性，从而无法借助于挑战现行的家庭模式而颠覆不平等的性别关系。对资本主义社会现行家庭模式的实证

❶ BEN AGGER.Fast Capitalism：A Critical Theory of Significance［M］. Champaign：University of Illinois Press，1989：65.
❷ BEN AGGER.Fast Capitalism：A Critical Theory of Significance［M］. Champaign：University of Illinois Press，1989：67.

主义解释，非常容易弥散到该解释所造就的世界中。这一世界事实上依附于资本主义社会。

为了避免马克思主义的文本意义在"快速资本主义"中遭贬，阿格尔特别强调意识形态化的巨著刺穿了将之与自然加以区隔的边界时，资本主义就存在一种把意识形态弥散到物体之中的倾向。这种倾向在"快速资本主义"中不可忽视，从而要求人们重新叙事性地思考意识形态以便理解它的全部内容。理解"快速资本主义"意识形态的关键之处，不在于揭示"快速资本主义"的经验充分性，而在于想象力自身。阿格尔也认识到社会主义要么遭贬为安全的资本主义社会民主，要么被"妖魔化"为苏联的社会主义实践。❶ 无论如何，左派必须借助于抵制自身的意义弥散到仅仅是利用马克思主义旗号的实践与体制之中的倾向，从而获取一种更令人兴奋的别致的想象力。阿格尔把文本性既理解为一种生产性力量，也理解为一种再生产性的力量，从而使其对"快速资本主义"中文本意义遭贬的批判是一个唯物主义计划。

最后，"快速资本主义"中文本意义的遭贬，还源于资本主义社会支配引发了人们的自我惩戒与无深思的浅阅读。弥散到外部世界中的文本事实上在它们所诱发的那些实践中实现了自我，而大多数人的阅读也只不过是接受宿命化世界所暗示的强制性。阿格尔认为，实证主义文化耗竭了形而上学的可能性，让人们轻信"快速资本主义"里的此在之物是不能成为他物的。也就是说，那些大量无权的、幻灭的、受压迫的行动者却不自觉地接受了这些虚假主张，认为它们似乎是不可改变的。其主要原因在于，法兰克福学派的思想家已经认识到，那些关于反映现实的虚假主张被一些人加以心理上的"内投"，然后无思考地执行，却不关心这些再现的真实性。❷ 阿格尔以福柯所说的那种无缝的环形监狱为例，分析了"快速资本主义"的现实顽固性在资本主义主导性管制模式支配下并寓于工作、家庭及消费的日常生活而进行再生产的情况。

尽管监狱是一种似乎不能被解读为文本的"文本"，但福柯独辟蹊径地把

---

❶ BEN AGGER.Fast Capitalism：A Critical Theory of Significance［M］. Champaign：University of Illinois Press，1989：68.

❷ BEN AGGER.Fast Capitalism：A Critical Theory of Significance［M］. Champaign：University of Illinois Press，1989：50.

监狱解读为一种理性化管制的原型。❶ 阿格尔认为，由此可以想到"快速资本主义"社会的监视之眼无处不在，它已经是一种社会技术。处于其中的心理空间和社会空间融合一起，既限定了形而上学的可能性，也限定了自由的可能性。人们借助于想象自己一直被监视，从而进行自我监视。人们在那里自我剥夺权力，如同被更强势的他人所剥夺。以此方式来解读资本主义社会，阿格尔通过揭示合理性只不过是很多可能性中的一种形式，而颠覆了资本主义理性化的管制。在"快速资本主义"中如果没有像全景监狱这样直接限定了自由的建筑环境及符号环境的支持，社会支配是无法维持的。

阿格尔称赞福柯关于弥散到社会自然中而作为全面管制之必要文本的考古学，很好地揭示了资本主义社会支配是资本主义社会秩序的一种伴随性特征。❷ 阿格尔还从马尔库塞"额外压抑"思想的角度进一步对资本主义社会支配作了揭示，认为马尔库塞指出关键性的一点：资本主义技术的发展增加了对自我强加型支配的需要，以便扼杀欲望，这种欲望让人们渴望免于劳苦，甚至想象一种完全不同的社会秩序。资本主义社会支配的技术进步，必然要求福柯所说全景监狱那样社会支配的自我技术。否则，人们可能会认识到监狱是无墙的。尽管阿格尔承认建筑环境编码了意义，但他也强调这不意味着人们不能重建它们，或者不能把那种以社会科学严肃性而被视为永恒的不可改动的巨著加以改写，这是因为文本批判意义的遭贬因社会支配的政治要求不同而有所差异。

严密的社会支配以及由此而产生的人们自我支配，导致"快速资本主义"的即时性让思想"阅读"的是物体而不再是书籍。这是因为，深度阅读书籍需要太长时间。阿格尔认为阅读越是偏离了其被指定的思考责任，富于思考的批判性写作也会随之衰落。这是一个辩证的问题：如果人们书写启蒙大众的公共书籍，就会培养一群读者；如果在狭隘的学术学科之外培养了一群有思想的读者，人们就愿意写作公共书籍。虽然这不足以揭示人们不再写作公共书籍的全部原因，但是传统上被定义为一种公共行为的书籍写作，在"快速资本主义"

---

❶ ［法］米歇尔·福柯.规训与惩罚：监狱的诞生［M］.刘北成，杨远婴，译.北京：生活·读书·新知三联书店，2012：339.

❷ BEN AGGER.Fast Capitalism：A Critical Theory of Significance［M］. Champaign：University of Illinois Press，1989：65.

经济和文化的重压之下，确实改变了自身的存在方式。

"快速资本主义"转移了人们对作为阅读中介的公共书籍与深度思考的注意力，"以便让人们的意识空间由诸如货币、科学、高楼、数字来占据以刺激消费和把社会支配最大化" ❶。受"快速资本主义"支配的人们，也就根本不会考虑思考的书籍中介和批判性文本的积极意义，而是偏好于"阅读"那些作为社会自然而弥散到外部世界中的"文本"。即便有些人在阅读，也多是浏览一些非批判性的畅销书，从而导致富含意义的批判性书籍被快速、廉价、不重要的文化快餐所取代。

三、文本意义遭贬的后果

阿格尔不是力图关注文本意义遭贬这种趋势本身，而是着重分析因文本之意义遭贬所导致的对文本与物体之间距离的不当消除，对"快速资本主义"意识形态批判的难度日益增大，屈从于现实的大众无法充分思考别样的生活，这些情况也助长了商品拜物教和异化消费。

首先，文本意义的遭贬，销蚀了文本与物体之间的应有距离，从而罢黜了阿多诺所说的非同一性。阿格尔指出，一旦文本与物体合二为一，人们就很难解读它们其中的任何一方，从而很难抵制它们所暗示的社会屈从。通过加快文本理解物体的速度，进而阻止一种超然的批判，资本主义庸俗化了文本与世界之间的关系。实证主义文化主导下的写作，融入它所揭示的物体之内，而不再像往常的写作那样有说服力地主张真实性。甚至在科学中也充满了精细的方法论形式，从而使得写作直接让位于操弄数字与符号。数字与符号成为对现状的充分反映，进而再次复制了现状。"快速资本主义"加速了文本与物体之间的新陈代谢，以便刺激对经济商品及文化商品的消费。"电视所带来的问题具有双重性，它不但销售广告以刺激人们去消费，也转移人们对宏伟蓝图的注意力。" ❷

---

❶ BEN AGGER. Fast Capitalism: A Critical Theory of Significance [M]. Champaign: University of Illinois Press, 1989: 76.

❷ BEN AGGER. Fast Capitalism: A Critical Theory of Significance [M]. Champaign: University of Illinois Press, 1989: 71.

即时性是距离、反思和批判的敌人。资本主义贬黜了文本的意义，以便否认人们去理解政治权力。"快速资本主义"里的阅读不是思辨与重建的积极行为，而只是接受从而诱导默认与屈从。具体化的描述越是快速地从意思和声音变成物体，人们就越不能把物体及图像解读为它们原本意义上的文本，并对之加以重新表述。图像完全积聚了物质力量，以使其几乎不能被解读为一种刻意的行为。意义的生成过程被贬黜到掩盖它的图像与物体之中，这一种趋势首先以货币的范例表现出来。在阿格尔眼里，德国的唯心主义者，尤其在韦伯和尼采那里，把异化概念化为"意义丧失"的过程和结果。但是真正的丧失是意义的生成，也就是丧失了那种反思和重建的能力。不过，大多数人没有把"意义"理解为对被毁生活的充分缓解。❶

意义在"快速资本主义"里成为政治的领地，尤其是当政治被隐藏在一个惰性的外部世界中，在那里似乎没有人提出本体论的主张。很少有人把货币解读为其原本的文本，把科学解读如同小说一样既是虚假的也是真实的文学技巧。随着语言符号的萎缩，意义更加弥散。意义的不足，就要求灌输顺从思想。社会学暗示了社会支配是社会权力的一个不可避免的特征。对人们为什么要以"必然性"的名义去行事的形而上学焦虑，文本必须要介入。文本没有像这样被解读，在它们对一种事态做出劝诱时仅仅是在拷贝。货币对人们的诱导，如同高楼诱导生活在其中的人们把它们视为自然的一部分，货币也试图使人们对其所暗示的社会关系加以接受，从而将其永恒化。

阿格尔指出，"数字诱导人们相信它是一种无中介意义的源泉，以数学上的特殊规范来解决分歧和把问题加以概念化。科学反映了一个世界，从而强迫我们欠思考地容纳它"❷。类似地，在书籍成为遮蔽了其创作性的物体时，它们就强制性地把"阅读"体现为各种调整、适应、默许、肯定的生活方式。❸ 因此，彻底的马克思主义议程必须把脱俗（disengagement）恢复为一种强有力的

---

❶ BEN AGGER.Fast Capitalism：A Critical Theory of Significance［M］. Champaign：University of Illinois Press，1989：72.

❷ BEN AGGER.Fast Capitalism：A Critical Theory of Significance［M］. Champaign：University of Illinois Press，1989：72.

❸ BEN AGGER.Fast Capitalism：A Critical Theory of Significance［M］. Champaign：University of Illinois Press，1989：72.

政治目标，而这只有借助于把货币、科学、高楼和数字重新解读为劝说性文本时才是可能的。

其次，文本意义遭贬，导致人们对"快速资本主义"意识形态的批判难度日益增大。"快速资本主义"为了维护自己的阶级统治，始终利用服务于资产阶级的意识形态，以便保护自身免遭那些希望以不同方式来写作和生活的人们对其进行重建。而对于西方马克思主义者阿格尔来说，务必对资产阶级意识形态加以批判，但他同时认识到"快速资本主义"日益加剧对批判性文本所蕴含的批判性意义的贬损，这种情况造成马克思主义等批判性社会理论对"快速资本主义"意识形态的批判越来越困难。

一般而言，意识形态批判的难度与意识形态的顽固性紧密相关。也就是说，意识形态越顽固，意识形态批判也就越难。阿格尔指出，"快速资本主义"的意识形态较之以往节奏较慢的资本主义的意识形态，日益弥散和深化。资产阶级意识形态在节奏较慢的资本主义社会中曾经是一种更为公开的写作形式，它以扭曲现实、歪曲事实的形式来描述资本主义社会，从而把坏的事物说成好的事物，希望人们按照其意图行事。人们在当时还可以批判资本主义意识形态化的一般文本及大部头书籍，揭示它们以神秘化的形式与其所勾画的世界存在很大出入，从而认定这些意识形态为虚假意识。阿格尔举例说，马克思可以借助于揭露政治经济学的和谐假象而批判资本主义，如同他在《资本论》中所做的无情批判那样。某种意义上，《资本论》是一本批判资产阶级意识形态的书籍，它揭示了资产阶级的政治经济学在意识形态上支撑了资本主义。类似于《资本论》揭露了资产阶级的政治经济学，《神圣家族》揭露了资本主义宗教，指出宗教通过允诺来世的幸福而麻醉人们。作为一种资产阶级意识形态文本，宗教也有意地远离现实，但是那些对之忠实的人们却希望它变成现实。

不同于节奏较慢的资本主义社会中易被矫正的意识形态，作为新型意识形态的货币与科学，弥散到"快速资本主义"社会类自然中，因其顽固性而不能以往常的方式被证伪。阿格尔说："谁会认为科学与货币是在说谎呢？其实，它们所体现的真实比那些宣传信仰的政治教育课程更具有教育性。"[1]类似于马

[1] BEN AGGER.Fast Capitalism：A Critical Theory of Significance［M］. Champaign：University of Illinois Press，1989：76.

克思借助《资本论》把劳动契约揭示为一种"法律拟制"，阿格尔把实证主义的社会科学解读为诱发了其真实性的一种刻意虚假。他指出一旦文本与物体混合为一体，人们就很难再去用一种文本去批判货币、科学巨著、建筑物、数字和符号这些"文本"。

既然不同于资本对劳动的剥削是在市场的类自然和谐与平等的伪装下进行的，实证主义社会学把支配加以凝固以便诱发社会支配，那么必须把诸如科学及货币之类的去作者化（deauthorization）的文本重新作者化（reauthorization），将它们转码为词语以便令人信服。但是，"快速资本主义"社会中的批判，自身也容易耗竭而致使其创作性的版本也似乎仅仅是自然的一部分。这样一来，批判必须是清醒而无情的，以免无法揭露那个被客体化的世界，从而以更佳的术语将之重建。文本意义的遭贬，把写作去历史化（dehistoricization）并使之仅仅是拷贝。人们对自己所见的货币、科学、建筑、数字及符号不再加以反思，尽管意识形态与其所暗示的内容密不可分，但它却不再像往常一样存在于书籍之中。

意识形态批判，也取决于批判意识形态的理论工具之锐利性。一般说来，作为意识形态批判的理论工具越锐利，意识形态批判也就越容易。对资产阶级意识形态与时俱进地批判，毫无疑问要借助不断发展的马克思主义。在阿格尔看来，马克思主义的意识形态理论不能处于科学主义和经济决定论的主导之下。❶ 虽然阿格尔承认，在"快速资本主义"中有价值的行为往往比无价值的行为更重要，但他不满于一些马克思主义者在把意识形态仅仅归结为经济衍生物时也恰恰经常采用同样的价值标准，从而以一种实证主义科学的再现概念来反对意识形态。尽管阿格尔的批评有些偏颇，但他却认识到意识形态比其在书面上所描述的情形要更加深入，指出这些意识形态抵制批判穿透其表象以揭露它所编码和体现的间质性社会关系。

在阿格尔看来，实证主义的马克思主义者，常常不足以揭露实证主义的政治经济学。如同哈贝马斯等人，阿格尔也认为一般的马克思主义没有很好地理解与反对意义的物质性特征，而是偏向于把意识形态仅仅看作是一种不好的科

---

❶ BEN AGGER.Fast Capitalism：A Critical Theory of Significance［M］. Champaign：University of Illinois Press，1989：76.

学。法兰克福学派和其他学者已经涉足了各种解释理论，为西方马克思主义更好地理解意识形态的文化实质提供了帮助，从而为战胜资本主义意识形态提供了一种批判工具。"快速资本主义"对再生产的支配，讽刺性地贬黜了思考和借之而实现批判的语言。其结果是，理论从属于它所假定的实践，而不是像阿尔杜塞（Louis Althusser）那样把理论本身看作或使其成为一种重要的社会构想的实践。

阿格尔回顾了马克思本人所提出两种完全不同的意识形态分析模式：一是马克思在《德意志意识形态》中把意识形态仅仅视为一种在其形象化的描绘中颠倒了事实的虚假文本；二是马克思在其对货币的分析中又把货币理解为一种重要的"文本"，因为它掩盖了其作为物质的文本性。阿格尔认为如果人们继承了马克思的第二种意识形态分析模式，就可以把资本主义的意识形态追溯为复杂地编织在日常生活中弥散文本的重写本（palimpsest）。人们就更容易认识到，弥散到物体中的文本意义消除了思想建构中的思考。严格地说，那种情况不是虚假意识的产物，而是意识缺乏的产物，也就是霍克海默所说的"理性的销蚀"。由于文本性寓于其类自然的表述中而妨碍了未来的重新表述，意识与物质的区分在"快速资本主义"中进一步被弱化。

阿格尔主张，为了重新思考"快速资本主义"中意识形态的作用，人们必须把外部环境重新辨认为有意而为之。书籍如同事物不能再被解读为分析性思考的待修正作品，而完全是作为调适、屈从及默认的符码而入侵外部环境之中。劳动是资本对劳动力的统治，而这种统治以货币的文本形式把自身扩散为真理。高楼借助于表面的合理性而塑造了那种被认为是一种自然形式的公共生活。数字以货币化哲学的意义标准及价值标准取代了思想。❶ 解放的目标不是要让人们在身心上占据货币、科学、高楼及数字，而是要改变确认其价值的方式。

再次，"快速资本主义"批判性文本意义的遭贬，还造成屈从于现实的社会大众无法充分思考别样的生活。"快速资本主义"意识形态日益顽固，加之对其批判的马克思主义等批判性理论工具的意义遭贬，从而导致对"快速资本

---

❶　BEN AGGER.Fast Capitalism：A Critical Theory of Significance［M］. Champaign：University of Illinois Press，1989：39.

主义"意识形态的批判也就越来越难。不仅如此,"快速资本主义"批判性文本意义的遭贬,还造成屈从于现实的大众无法充分思考别样的生活。阿格尔认为虽然城市、数字和书籍都掩盖了其创作者的本意,但它们均又表示一定的社会关系。由于意义在"快速资本主义"中日益遭贬,导致人们越是不能听到或理解在建筑、书籍、数字的公共对象化背后的创作本意,就越不能把公共环境解读为一种创作行为。阿格尔就是以文本性弥散到外在环境中,来理解意义的私人化被意义的公共对象化所取代这一过程的。虽然人们可以在建造建筑物、撰写书籍、进行创造性设计时不去贬斥创作的本意,从而也不反对他人对自身的解读与重建,但现实往往很残酷。意义的贬黜是一个历史过程,伴随着结构性地过度依赖于意识形态、商城建筑、文化和生活世界这些"文本",以支持日益脆弱的物质世界免于裂化为各种不同的去中心化的边缘。❶

在阿格尔看来,马克思所说的资本主义内在矛盾在"快速资本主义"中只能借助于弥散的"文本"而限制,因为这些"文本"强迫出现了服务于系统而很少具有批判性中介的行为。如同马尔库塞,阿格尔把这种现象概述为公共经验中的单向度化,从而导致人们在那里没有能力超越表象而到达更高的批判层次,更无法利用批判对世界历史的正确方向做出完全不同的判断。法兰克福学派把意识形态概念重建为受管制的、单向度性的理性,而阿格尔把法兰克福学派的这一论题综合到一个读写框架中,因为他希望理解弥散到如同自然的物体中的意义是如何遭贬,进而失去了拒绝与反对的能力。文本性越不重要,它就越是物质的,所以很难揭示整个公共景观内文本—物体中蕴藏的弥散意义。❷借助于从意义的遭贬形式中发掘出意义,可以把建筑物、书籍、设计解读为人们想象力的刻意行为。建筑环境之所以掩盖了自身的文本性,完全是因为这些建筑物在"快速资本主义"中编码了意义,从而诱发适应性的行为。

弥散到公共世界中的文本一旦把自身体现为社会自然中不变的一部分,就不太可能再催生别样的生活。这种情况是以各种方式出现的,阿格尔举例说,

❶ BEN AGGER.Fast Capitalism:A Critical Theory of Significance [M]. Champaign: University of Illinois Press,1989:63.

❷ BEN AGGER. Fast Capitalism:A Critical Theory of Significance [M]. Champaign: University of Illinois Press,1989:63.

如果人们被集中到办公大楼和工厂，他们就被碎片化地安置在各种隔间中，而这只是反映并繁殖了泰勒主义的劳动分工；福柯已经探讨了支配尤其在犯罪惩罚体系中是如何把自身技术化的，也就是说建筑物成为"监狱"。尽管所有的建筑物都凝结了想象，但是现代城市的独有特征把社会生活加以碎片化和疏远以便更好地管制它，"理性化的"公共环境是为理性化的企业和国家支配而服务的，这正是韦伯所说的现代性的精髓。

如果书籍似乎根本不是有意写作而仅仅是对静止世界的复制，它就必然贬黜意义从而导致顺从。也就是说，文本只能借助于反映似乎是不可改变的事实，才会产生自我的真实性。这样，社会事实难以逃离由日常生活的自动反应而繁殖的宿命。在此意义上，实证主义浸透了整个文化，宛如写作仅仅反映了静止的事态，从而只能在已经被接受的形而上学的可能框架内繁殖它。阿格尔已经探讨过这种现象是如何出现在整个主流社会学学科中，从而惩戒了整个学科的情形。借助于解读社会学，阿格尔从该学科表面上清除了作者希望实现一定价值观的学术文章中发掘出作者的本意。

阿格尔还指出，一旦只从商品化的角度来解读人们的社会阅历，从而取消了对人们现实状况的其他理解方式，也必然导致大众的屈从行为。在"快速资本主义"中，数字和金钱几乎是不可分割的。量化方法和资助性研究在美国大学几乎受到同等崇尚，符号形式和物质致命性地交织在一起。另外，当数学化驱逐了思想的时候，尤其是在人文研究中，符号形式获得了实质地位。阿格尔不同意海德格尔和其他人文主义评论家对数学化的过激批判，没有像他们那样否定数字、符号及对世界的数学化在清除有思想的文章时所具有的政治作用。符号通过贬低文本意义，而似乎可以独自解决知识问题甚至是政治问题时，最终获得历史意义。

一旦仅仅从真实度上来考虑文本与符号，阿格尔就认为马克思主义没有击中要害。虽然文本化的世界在其类似于自然的不可改变性中似乎根本不表示任何意义，但它又确实对激进的想象力乃至重建想象力的努力加以贬斥。必须赋予那些被贬黜意义以原义，以便可以与之进行辩论。"就其自身而言，对被弥散义的解构表述，也就是把建筑物、书籍、数字解读为它们原本的构成性思想，也只不过是把恶性欲望曝光在政治之下。"❶ 资本主义的社会建构是一种等级化实践，在建构过程中有所取舍。这样，对结构的解构就为那些被排除在当初理解历史之外的人们赋权。

"快速资本主义"贬黜文本之意义的大潮，甚至让极力反对它的马克思主义和左翼女权主义，也几乎变成仅仅是导致服从或背叛的词汇或标语，从而造成它们不能再做出有价值的分析工作和政治工作。也就是说，马克思主义和女权主义几乎都被那些把任何事情都归结为既定话语的"快速资本主义"所吞噬。如此一来，马克思主义就蜕变为人们所拥有的古旧书籍，而女权主义则仅仅是一种区分不同女性的一种个人风格和文化风格。阿格尔认为，"快速资本主义"中少有的反对性思考，也都倾向于遭贬为只看到社会表象而看不到社会本质。读者自以为他们在说"马克思主义"和"女权主义"时知道二者的真实含义，"其实只不过是以一种复述来批驳另一种复述"❷。就连批判也几乎成为无思想行为，更不用说大众还有能力去思考别样的生活方式。面对这种文本意义遭贬的现实，阿格尔决定利用激进的批判理论、后现代主义、女权主义的相关思想，对"快速资本主义"加以批判性解构。

最后，文本之意义的贬黜，也助长了商品拜物教和异化消费。阿格尔认为，"快速资本主义"的商品拜物教仍然在飞速发展，从而导致人们把他们在劳动中所形成的社会关系视为具有表面必然性的物体一样。"资本与劳动都是抽象物，因为它们的作用过程对大多数人来说还是抽象的。女权主义为马克思主义所做的补充在于，在公共领域与私人领域之间的等级制关系中出现了对社会性别的迷恋。"❸ 性别关系也被商品化和客体化为自然的一部分，这恰恰是那些把男性特征与女性特征加以等级化的人们所希望出现的结果。一种充分的批判理论要了解私人异化的公共性本质，指出在一个殖民化的社会世界中几乎不存在私人空间这样的事情。对这些殖民化的强制力量，虽然有不同的称呼，但

---

❶ BEN AGGER.Fast Capitalism：A Critical Theory of Significance［M］. Champaign：University of Illinois Press，1989：64.
❷ BEN AGGER.Fast Capitalism：A Critical Theory of Significance［M］. Champaign：University of Illinois Press，1989：25.
❸ BEN AGGER.Fast Capitalism：A Critical Theory of Significance［M］. Champaign：University of Illinois Press，1989：69.

它们都指商品化、物化、文本弥散。

二元主义是西方文明中的一种倾向。阿格尔把它们称为社会支配的强制性逻辑。一方面，当文本的意义遭贬而刺激人们去占有新商品时，文本就被吸收到商品中，因此，资本主义在其最近阶段尽可能快地贬黜文本意义以助长疯狂的消费行为；另一方面，在意义直接被弥散到如同自然的物体中时，就妨碍了人们对它的创作行为加以重构从而重新表述它们。这样，文本意义的遭贬又贬黜了商品应有的特质及想象力。❶ "快速资本主义"的逐利本性，需要判断力偏离它自身与物体的区别的正确目标。所以，那种专注于把购物视为一种对资本主义社会痛苦生活加以缓解的生活方式，既再生产了利润，也导致理解力的急速下降。

不同于那些不相信意识形态分析的马克思主义者，阿格尔理解马克思在其分析货币时对"快速资本主义"批判所做出的理论借鉴，从而像马克思那样指出作为一种虚假意识的意识形态是一个暗箱。它不仅是倒置的反映，也是一种颇具物质性的实践。这种实践在资本主义社会里生产并再生产了生产对再生产的支配。❷ 对于阿格尔来说，马克思对资本主义管制的最深刻洞见，在于马克思把商品拜物教理解为社会关系对象化为似乎如同自然存在的物与物质之间的关系。阿格尔没有完全悬置对剩余价值榨取的分析，而是把支撑了剩余价值及卢卡奇所说物化的商品拜物教理解为符号弥散的特殊情形。

❶ BEN AGGER.Fast Capitalism：A Critical Theory of Significance ［M］. Champaign：University of Illinois Press，1989：67.

❷ BEN AGGER.Fast Capitalism：A Critical Theory of Significance ［M］. Champaign：University of Illinois Press，1989：70.

第四章 "快速资本主义"变革

阿格尔非但不像实证主义者或某些后现代主义者那样认为后现代资本主义已经终结了意识形态和历史,而且指出"快速资本主义"只不过是历史的产物,不仅可以被变革,也必须被变革。特别需要交代的是,"快速资本主义"变革在阿格尔的视域里,实质上就是对承载了后现代资本主义意识形态的社会文本加以确认、解码和改写,从而颠覆各种等级制。❶ 为此,阿格尔巡视了现有的理论库,以便发现可利用的思想资源。进入阿格尔视域的重要思想资源,理所当然的就是非实证主义文化理论。在诸多非实证主义文化理论中,阿格尔看中法兰克福学派的批判理论、左翼女权主义、批判性的后现代主义,以及马克思、卢卡奇、葛兰西、英国伯明翰学派的文化思想。阿格尔强调,尽管这些非实证主义的文化理论,各自存在不完善的地方,但可以对它们进行整合。阿格尔随之再造了作为变革"快速资本主义"锐利武器的"批判",最后利用"批判"这一利器来重写各种社会文本。

第一节 社会变革不可抗拒

对于占据美国主导阐释话语的实证主义文化理论,阿格尔强烈地反对它们,因为它们坚持价值中立、不致力于改变世界、排斥左派的文化立场。❷ 阿

---

❶ 阿格尔在提出"快速资本主义"时,着重从文化层面,实质上是从意识形态层面,来反思后现代资本主义。所以阿格尔视域里的"快速资本主义"变革,其焦点不是对后现代资本主义社会的全面变革,而只是对后现代资本主义意识形态的变革。这就告诉我们不要按照一般的资本主义社会变革的思路去理解阿格尔所说的"快速资本主义"变革。当然,阿格尔后来反思"再加速的快速资本主义"社会变革时,就不再仅仅局限于变革后现代资本主义的意识形态。本书导论部分已经交代了本书研究的是"快速资本主义",而不是"再加速的快速资本主义"。

❷ [美]本·阿格.作为批评理论的文化研究 [M].张喜华,译.开封:河南大学出版社,2010:170.

格尔坚信社会变革是不可抗拒的，并主要从等级制的可变性、大众文化的双重性、社会文本的解构性三个角度论证了变革"快速资本主义"的可能性。

一、等级制的可变性

如前文所述，阿格尔十分不满于"快速资本主义"的各种等级制，因为这些等级制导致了异化、物化、霸权、社会支配，致使人们的身心遭受各种剥削和压迫。阿格尔反复强调，包括等级制在内的各种社会事实，绝不是像服务于资本主义的实证主义等反动势力以社会文本的形式所鼓吹的那样，是社会宿命，是不可变革的。尽管社会事实是客观的社会存在，但把社会事实说成社会宿命，则是"快速资本主义"意识形态的欺骗伎俩。在阿格尔看来，仅从左翼女权主义那里就可以发现等级制可变性这一正确看法。阿格尔认为左翼女权主义之于"快速资本主义"等级制可变性的洞见主要有以下三个方面。

其一，左翼女权主义从性别政治的角度提出了社会压迫问题，反对并力图颠覆体现了等级制的父权制，而父权制的特点是男性支配女性。阿格尔指出，以往的男性社会理论家对性别政治大多是视而不见的。他们之所以不把性别政治看成问题，是因为它被安置在所谓家庭生活的私人领域。与之不同的是，女权主义理论家把性别政治安置在家务上，尤其安置在性别劳动分工及普遍的柔弱性及强壮性的文化建构上。随之而来的，"她们把诸如照顾孩子、做饭这样的家务，与家务之外的尤其是在付酬劳动领域中的政治动态及经济动态联系在一起"❶。

左翼女权主义者认为父权制或男性特权均来自于性别劳动分工，而这种劳动分工既存在于所谓的私人领域，也存在于所谓的公共领域。女权主义理论不仅把性别与家务加以政治化，而且把家务的性别政治与付酬劳动及公共生活中的性别政治联系起来。其实两种性别劳动分工之间紧密相连，是因为妇女主要负责家务劳动。这既反映于也再生产于这一事实：她们被遭贬为从事付酬很少及非工会化的"粉领"工作部门。女权主义者相信父权制对妇女来说是一个结

---

❶ BEN AGGER.Critical Social Theories：An Introduction［M］.Boulder：Westview Press，1998：100.

构性问题，从而提出了父权制与资本主义的关系问题。

阿格尔同意左翼女权主义者关于妇女遭受的剥削不能完全被简化为她们对阶级地位的看法。虽然妇女典型的不利阶级地位影响了其遭受的全面压迫，但是性别也使她们处于更不利地位，因为她们是作为妇女而受压迫的。❶ 阿格尔认为在广泛地探讨妇女所处的社会不平等和经济不平等之后，对以上这些是很难否认的。类似的，人们也很难否认有色人种的不利处境不仅是因为他们是特定阶级或下层阶级的成员，也还因为他们本身是种族歧视的受害者。

其二，左翼女权主义主张个人的就是政治的，拒绝公共领域与私人领域的二元分割与等级对立。妇女被排除在公共生活之外，有助于解释她们为何坚持认为对妇女来说政治出现的场所不再是那些传统领域，从而使得女权主义者在理论上更关注性别政治及家务劳动。❷ 同样很重要的是，女权主义理论反映了社会变革涉及性、照顾孩子、家务及权威关系的私人生活方式。如果社会变革不能带来这些包括基本价值观在内的实质性个人改变，那么那些社会变革就是不值得的。❸ 同时，左翼女权主义者认为产生持久变革的唯一方式，始于让当下生活变得更好而不是拖延解放。

阿格尔认为左翼女权主义的这一看法，与马尔库塞所说的"新感性"颇具相似性，因为二者都支持人们在日常生活中发起社会变革，二者都认识到通往社会主义的征途十分漫长，因此会布满私事与牺牲。同法兰克福理论家一样，左翼女权主义者深深理解了个人与人际的变革必须强调结构的变革。虽然女权主义理论把论述重点放在个人变革的不同方面，但所有女权主义者都将个人变革与公共变革从实践原因及伦理原因上联系起来。❹ 如果人们希望壮大女权主义影响，就要过一种"女权主义者"的生活，像左翼女权主义者一样行动。

其三，左翼女权主义反对妇女在劳动市场、政治、文化等领域的从属地位。女权主义理论不仅坚决反对一些人类学家把性别劳动分工解释为原始社会中应对经济与家务需求的合理方式，也反对维多利亚时代把家庭看作基于浪漫

❶ BEN AGGER.Critical Social Theories: An Introduction [M]. Boulder: Westview Press, 1998: 101.
❷ BEN AGGER.Fast Capitalism: A Critical Theory of Significance [M]. Champaign: University of Illinois Press, 1989: 74.
❸ BEN AGGER.Critical Social Theories: An Introduction [M]. Boulder: Westview Press, 1998: 102.
❹ BEN AGGER.Critical Social Theories: An Introduction [M]. Boulder: Westview Press, 1998: 103.

之爱的幸福天堂。女权主义之所以反对性别劳动分工，不仅是因为不存在妇女必须养育子女及做家务而男性在外边赚取工资，从而使妇女依赖于丈夫的善意而维持生计的生物学理由，也是因为性别劳动分工在从家务到政治、经济及文化的所有领域都提供了一种低估妇女活动价值的模式。这样的话，在阿格尔看来，"女权主义在其最佳意义上是一种关于价值君临无价值的批判"❶。

左翼女权主义者注意到，性别劳动分工也助长了男性对女性的客体化。一般情况下，妇女在"快速资本主义"家庭中作为男性的客体，甚至在公共领域中也被客体化。在女权主义者看来，男性对妇女的讨厌已有漫长的历史，这来自于男性事实上把妇女看作满足他们性欲、经济及情感上需要的对象。男性对女性的客体化，阻碍了妇女实现她们自己在爱、性及教化方面的真正需求。"妇女客体化的经验，使得妇女在生理与文化方面遭到社会的贬值，从而造成把妇女当作男性愉悦的景观及接受者被认为是可以允许的错误做法。"❷ 阿格尔也指出，性别劳动分工不仅剥夺了妇女经济上与政治上的权力，在性别与文化上也把妇女加以贬值。

尽管女权主义确实是一种性别政治理论，但在阿格尔看来又是一种文本政治理论，其原因在于它揭示了文本自身是如何自我屈从于更有价值的公共生产领域和政治的。阿格尔这里不是要把女性所受压迫忽视为新的资本主义的独特一幕，而是以对再生产的宽泛支配来理解女性的被贬低。因此，一旦把各种承受特殊压迫的劳动、妇女、有色人种、无生机的自然联系起来，就可以指出它们均是被压迫者的一般性特点。在阿格尔看来，女权主义在原初的语言和由男性生产主义及其科学主义所实现对再生产加以支配方面，更全面地理解了"快速资本主义"社会支配的文本性。❸ 女权主义将父权制批判为一种支配世界历史的逻辑，这种见解早就应被整合到广义的批判理论之中去。女权主义提出了个人与政治之间的密切关系，从而指出社会变革必然涉及人们的思想、身体和私人生活。

---

❶ BEN AGGER.Fast Capitalism：A Critical Theory of Significance［M］. Champaign：University of Illinois Press，1989：61.

❷ BEN AGGER.Critical Social Theories：An Introduction［M］. Boulder：Westview Press，1998：104.

❸ BEN AGGER.Fast Capitalism：A Critical Theory of Significance［M］. Champaign：University of Illinois Press，1989：31.

二、大众文化的两面性

大众文化是文化研究的重要论题，日益受到高度重视。法兰克福学派在20 世纪 30 年代开辟了西方马克思主义文化研究的新纪元，将媒体的政治经济学、文本的文化分析、在大众文化及其传播的意识形态影响的受众接受等结合起来，具有变革资本主义的社会主义革命责任感和政治理想主义色彩。尤其是，法兰克福学派创造了"文化工业"一词，以表明大量文化制品的工业化过程以及驱动整个文化运转的商业化规则。与"文化工业"相伴的一个重要概念是"大众文化"，或者被称为"流行文化"。对待大众文化的态度褒贬不一，有人将之拒斥，有人为之欢呼。阿格尔认为，在正视大众文化的缺陷的同时，更要看到它变革"快速资本主义"社会的巨大潜力，而不应一味地拒斥它。

首先，大众文化确实具有麻醉大众、转移视线、服务资本等负面效应。霍克海默和阿多诺在《启蒙辩证法》中提出了"文化工业"的概念，表述了他们的经验研究成果与理论研究成果。❶ 文化工业，在他们看来就是指在"二战"以后的资本主义社会中，娱乐与媒体既流通了文化商品，也操纵了人们的意识。阿格尔认为，在《启蒙辩证法》及其他大量的经验研究的文献中，霍克海默和阿多诺提出的看法是，文化用马尔库塞的话说就是已经成为"肯定性的"。从此意义上说，大众文化在晚期资本主义中成为一种意识形态，它不是讨论当今社会是否具有必要性与合理性，而是提供了一种短暂性麻醉，把人们的注意力从真正问题上转移开去，把当下理想化为对现实再现的舒适体验。比如，看电视耗费了人们的时间，让他们不再考虑生活的方方面面，暗示人们在"真实"的电视世界中解决问题。电视中这些虚幻人群在一两个小时内的电视观看时间里解决了工作困境，人们也把自己的生活与电视屏幕联系到了一起，幻想像电视中展现的角色那样去生活。

上述这种认同及其对注意力的转移，认可了大众文化对人们异化的"矫治"。阿格尔指出，马克思当初把像宗教这样的意识形态理解为大众的鸦片，今天的文化工业也是按此原则起作用的，但有所不同的是：宗教是一种有组织

---

❶ ［德］马克斯·霍克海默，西奥多·阿道尔诺.启蒙辩证法：哲学片段［M］.渠敬东，等译.上海：上海人民出版社，2003：107.

的文献，以书本或信条的形式陈述，这样它就可以被研究与批判；宗教把灾难的解除允诺到来世，而大众文化借助于人们对各种场合中文化英雄的认同而直接减轻人们的痛苦。在"快速资本主义"中，大众文化充斥着人们的日常生活，包围着人们的是鲍德里亚所说的"类像"。如果宗教可以从书架上移走或限定于每周的礼拜，那么大众文化则是很难避开的。事实上任何事情都成为广告，很难对之加以批判的处理，因为它被蒙上了一层神秘面纱，文化工业中介了人们与真实。❶

在阿格尔看来，晚期资本主义的一个独有特征是大众文化不再是一个独立领域，人们很难从中获得批判的洞见。马尔库塞在《单向度的人》中提出了那种由小说、绘画、音乐所提供的批判洞见之"第二"维度，已经退化为其特征在于霸权的日常生活之"第一"维度。对于阿多诺、霍克海默及马尔库塞来说，大部头批判性书籍要么被人视而不见，要么被整编。法兰克福学派认为艺术是最后的批判思想避难所及美与满足的表达和体验，从而诉求一个美好社会。❷ 借助于实践幻想，文化抵制自身的商品化，体现未受资本逻辑玷污的表达及经历，保持超然的能力，进而能批判地思考。法兰克福学派强调非商品化文化与艺术的批判潜力，使这些非商品化的文化抵制其自身免遭文化工业的吞并。

阿格尔同意阿多诺、霍克海默与马尔库塞的是，文化工业在晚期资本主义已经成为一种重要的经济因素与政治因素，转移了人们对真正问题的注意力，提供了虚假的解决办法，而这些办法是有目的地适用于虚构人物的"生活"，编码于音乐的甜蜜和谐之中，当然也就为电视网络、影片制作、报刊杂志、主题公园等创造了利润。❸ 文化工业助长了对意识的操纵，进而延长了马克思在过去对之做出预期的资本主义灭亡。另外，文化工业理论把资本的逻辑与商品拜物教的人际关系联系了起来，文化工业借助于神秘化的人际关系而谋取利润，从而让人们把它体验为自然的或类自然的安排。

---

❶ BEN AGGER.Critical Social Theories: An Introduction [M]. Boulder: Westview Press, 1998: 90.

❷ [德] 马克斯·霍克海默，西奥多·阿道尔诺. 启蒙辩证法：哲学片段 [M]. 渠敬东，等译. 上海：上海人民出版社，2003: 122.

❸ [德] 马克斯·霍克海默，西奥多·阿道尔诺. 启蒙辩证法：哲学片段 [M]. 渠敬东，等译. 上海：上海人民出版社，2003: 127.

阿格尔认为马克思所说的商品拜物教，也就是一切都变成了商品化的关系，工人为了谋取工资而交换他们的劳动力，预示了文化霸权与支配，因为商品拜物教与文化霸权及支配的共同之处在于它们都是虚假再现，从而支持了现存的社会关系。这些类自然的再现掏空了它们的历史性——变革的敏感性。"二战"以后美国的电子文化工业大大加速了神秘化，深化了文化工业，各种文化再现从早到晚地泛滥，愈发难以揭露它们的蓄意创作及其传达的政治信息。❶ 阿格尔强调，文化研究就是要揭露与解构这些文化虚构、话语及制度，就如同阿多诺把他对收听广播、观看电视及阅读报纸的体验加以理论化。

其次，大众文化也有促进社会变革的巨大潜力。对于一些人认为法兰克福理论家，除了马尔库塞在 20 世纪 60 年代学术运动这一时期外，都完全因为大众文化是大众的而过于贬斥大众文化，阿格尔是同意的。这是因为霍克海默和阿多诺等人忽视了特定模式的大众文化，甚至是商品化的大众文化，比如那些刺激愤怒与激起思考的电影，也具有变革社会的解放潜力。

阿格尔指出，法兰克福学派以他们的文化工业理论发展了文化研究，以一系列令人振奋的文化解读弥补了他们对大众文化贬斥的局限。如果法兰克福学派的理论家主要进行的研究是把支配追溯到日常生活经历的深度，那么后来的文化研究理论家及批评家就是聚焦于大众文化如何为独立的书写者、创造者、生产者及发送者提供了文化抵制及文化创建的机会。在大萧条及后来大屠杀的背景下提出修正与发展马克思主义的批判理论家最终是悲观的，他们怀疑左翼社会运动是否可以被复活。阿多诺所说的"全面管理"是指所有的经历都被服务于系统的强制性所动员。在大屠杀之后，即使马尔库塞粗略地把美国新左派视为取代无产阶级的新型"集体主体"，法兰克福理论家也变得极度悲观。❷ 马尔库塞在《论解放》中表现出了乐观主义，但在《反革命与暴乱》中又放弃了乐观主义，在这本书中他责备新左派与反文化抛弃了理性与理论，这些责备正好类似于当今的很多后现代主义。集中营对阿多诺来说就是一个暗喻，他认为资本主义社会已经整合了纳粹的整体控制，同时又去除了粗野控制、根除了野蛮外表。在艾森豪威尔政府时期，只要电视能再生产顺从，集中营

❶ BEN AGGER.Critical Social Theories: An Introduction [M]. Boulder: Westview Press, 1998: 92.
❷ BEN AGGER.Critical Social Theories: An Introduction [M]. Boulder: Westview Press, 1998: 93.

就是不必要的。❶

阿格尔在肯定法兰克福学派认识到大众文化在晚期资本主义中重要性的同时，也批评他们随手拒绝了大众文化可以被重构的可能性及其由大众文化所浸透的日常生活。他认为，阿多诺自己对大众文化的经验研究是富有成果及启发性的，表明阿格尔关注了阿多诺与霍克海默在《启蒙辩证法》中所理论化的文化工业。不幸的是，法兰克福学派的理论家没有充分地克服他们自己对大众文化的厌恶，以提出适合于一种自由社会的日常生活话语及表达的替代模式。虽然他们认识到了文化工业的领导权作用，但没有将这种作用理论化。❷ 可是，随后进行文化研究的学者，包括伯明翰学派的霍尔、后现代主义者鲍德里亚和女权主义者劳丽蒂斯、穆尔维等人，都重新思考了大众文化，认识到大众文化的反领导权可以颠覆好莱坞主流文化的欺骗。❸

阿格尔还指出，法兰克福学派理论家为他们自己的欧洲华美风格所忽视及蒙蔽的是，在日常生活层面中存在创造新的文化实践及产品的潜力。为了自身的繁荣，大众文化有意把它们定位在文化主流之外。小报、杂志、刊物、画廊、视频、报纸甚至是电视台都隐藏着一些致力于写作与描画替代性日常生活的反文化领导权的人。这是一种新型的文化生活，蕴含着创造民粹主义文化的丰富的政治可能性，在这种文化生活中，文化生产者能比在今天的文化主要街道上更多地支配他们自己的文化生产及文化接受。法兰克福的理论家是如此地厌恶美国霸权的粗野，以致他们不相信有知识的平民能够从底层变革文化。

就法兰克福学派理论家对大众文化在后现代资本主义中很重要这一理解来说，阿格尔极力主张把他们对大众文化的厌恶加以转码。这是因为后现代主义话语理论可以为批判理论在解释文本欺骗性地弥散进感知环境中提供一个犀利的视角，有助于人们解读并改写那些借助于文本而把生活经历凝固为自我产生的社会宿命的类像。雅克·德里达（Jacques Derrida）已经指出，大众可以被强烈地介入，这产生了一种不仅解读而且改写文化的批判后现代文化研究。女

---

❶ BEN AGGER.Critical Social Theories: An Introduction［M］.Boulder: Westview Press, 1998: 93.

❷ BEN AGGER.Gender, Culture and Power: Toward a Feminist Postmodern Critical Theory［M］.Westport, CT: Praeger Publishers, 1993: 127.

❸ ［美］劳伦斯·格罗斯伯格.文化研究的未来［M］.庄鹏涛，等译.北京：中国人民大学出版社，2017: 210.

权主义者就其自身而言也发展一种基于解构文学及艺术中男性目光的女权主义文化研究。她们的解释与当时的文化环境"格格不入",指出了如果把这些文化实践及其产品重新叙述为它们真正的本体论主张时,社会支配的符码可以被解开。阿多诺对此理解很深,他认识到好莱坞的电影如同《洛杉矶时报》的占星术专栏,透露出了一种专注于异化劳动及商品消费的世界观。然而他没有看到美学理论及文化理论被解构的可能性,这些理论不仅可以被别样地解读,而且其本身也可以成为一种创造性,进而成为暗示了那种人们可以创造美、真理及正义的替代性生活世界这一新社会文本。❶

在把阿多诺所厌恶的大众文化矫正为反抗性文化及实践计划的基础时,阿格尔不希望把批判转码为辩护。对于太多的文化研究者来说,不管什么东西只要进入他们的解释探测器,他们就使用解构的方法。文化研究存在丧失其理论的及政治的意图的危险,其实有些大众文化应该在政治上被解构的地方,却物化了它们。阿格尔利用将文化工业看作晚期资本主义一个关键因素的法兰克福学派理论,但他拒绝了其理论家过分文雅的文化解读及其品味。阿格尔不否认卡夫卡的《城堡》对揭示福柯所说的惩戒社会有很重要的价值,但也承认大众文化是批判与抵制的可能场所。

阿格尔在《性别、文化和权力:走向女权主义后现代批判理论》等多部著作中努力保护与延续法兰克福学派理论家的遗产,提出一种符合民主政治需要的 文化研究。阿格尔把批判理论转码为解放大众文化的一种视角,这种视角与它批判大众文化的麻醉效应相一致。❷ 阿格尔指出,法兰克福华美风格是其理论家作为欧洲高度现代主义知识分子的文化产物,如果人们放弃了这种使人厌恶的风格,也可以十分有效地仔细解读大众文化。米勒关于解读电视的书《盒状收缩:电视文化》类似于阿多诺的文化研究,暗示了媒体理论是如何利用文化工业主题去解读霸权化的文化实践。

阿格尔把批判理论转码为批判而不是欢呼过分文雅的文化对大众文化的支

---

❶ BEN AGGER.Gender, Culture and Power: Toward a Feminist Postmodern Critical Theory [M]. Westport, CT: Praeger Publishers, 1993: 128.

❷ BEN AGGER.Gender, Culture and Power: Toward a Feminist Postmodern Critical Theory [M]. Westport, CT: Praeger Publishers, 1993: 129.

配，这就要求人们无论如何不能无批判地看待大众文化。其实，批判理论以文化研究的形式进行重构，同时无情地攻击了把当时虚假意识的生活方式掩饰为日常生活的文化。人们可以严肃地对待大众文化并对其进行区别性解读。纵然，人们必须以驳斥意识形态的方式区分霸权文化实践与反霸权文化实践，"快速资本主义"的各种弥散的社会文本中已经编码了意识形态，同时也培育了抵制与重构，这二者有时是通过文化，且不是不顾文化而展开。

三、社会文本的解构性

从社会文本的角度来看，"快速资本主义"也是可以变革的。阿格尔认为在文学批评、写作理论及文化分析领域产生了实质性影响的涉及文本性及知识的批判性后现代主义。他像库勒等人一样高度评价了德里达的那种称为解构的文本解读方法论，认为这种解构方法在美国人文学科领域备受关注，对由文本客观主义所统治的传统文化及文学批评形成了严重挑战。[1] 简而言之，阿格尔认为德里达等人的相关解构思想，尽管存在一些局限，但也有助于说明社会文本是可以被解构的。

其一，德里达等人的文本解构思想有助于理解"快速资本主义"的文本实质，帮助人们认识到所有文本都具有不确定性，从而把"快速资本主义"的各种非话语性的文本解读为特定的而非永恒的社会存在状态。

德里达相信每一个文本都是不确定的，也就是说它掩盖了其内部不同作者的声音，有时候称为文本与副本之间的冲突。[2] 阿格尔认为，如果没有指出文本所表示的意义及其同时存在的隐藏意义与情境化，就不能理解文本的字面意义。就此而言，每个文本都是有争议的场所。虽然可以假定这些隐藏意义与情境化可以被理解，但是这些假定是压制性的，从而导致读者的注意力从它们那里转移开了。[3] 阿格尔列举了一个社会学的例子来对此加以说明，这就是在布

❶ BEN AGGER.A Critical Theory of Public Life: Knowledge, Discourse and Politics in an Age of Decline [M]. London/ Philadelphia: Falmer Press, 1991: 27.
❷ 高宣扬.当代法国思想五十年（上册）[M].北京：中国人民大学出版社，2016: 360.
❸ BEN AGGER.A Critical Theory of Public Life: Knowledge, Discourse and Politics in an Age of Decline [M]. London/ Philadelphia: Falmer Press, 1991: 28.

劳和邓肯等人的地位—成就研究那里，以一个人父亲的职业地位来定义流动性。但是，解构的解读揭示了工作的性别本质，以及强调这种方法论选择的男性特权的深刻假设。

阿格尔认为，像鲍思（Bose）那样的女权主义学者以"父亲的职业"挑战了职业地位的操作化，因为她们认为这强有力地体现了意识形态化的副本而导致了两大重要错误。这两大重要错误，一是错误地假定人们认为只有男性工作，或只有男性应该工作；二是错误地反映了现实，因为妇女事实上也在为工资而工作。关于地位—成就与工作之间关系这一方面的女权主义解构，德里达的话表明了职业身份的操作化是"不确定的"，也就是说它涉及其对自我声称终极意义加以破坏的那种特定例外。❶ 由此可见，不存在单一意思或不可挑战的职业身份评估，只有竞争性的版本。每一种版本都是不完全的，因为它涉及例外情况。

对德里达来说，解构地阅读尊重了意义公开时不可避免的留白，从而让解读者可以把他们自己的插入性意义填入这些空白。阿格尔声称解读通过这种方式成为一种强烈的实践活动，而不仅仅是被动地以单一的意义来深思一种客观性文本。借助于介入这些意义的填入与对冲，解读者把自己的意义赋予写作，进而挑战了写作对解读以及文化生产对文化接受的等级制支配。

其二，德里达等人的相关解构思想指出实证主义强调的所谓清晰性压制了对语言错综复杂性的深刻理解，揭示了语言自身助推了"快速资本主义"对等级制的文化建构。

德里达的不确定性思想，立足于他的"差异"与"拖延"这两个概念。德里达认为语言在本质上创造意义，只是指它包含自我指意而反对其他指意。❷ 在阿格尔看来，依照德里达的看法，人们绝不能借助于尝试确定语言与它所揭示的世界之间的对等性来明确固定的指意。相反，意义是文本所依附词语的不同指意结果。比如，韦伯的"地位"概念需要从他的"阶级"那里获得意义，而不是来自于由其"地位"这个词假定性反映的那种不变的现实。只要人们使

❶ BEN AGGER.A Critical Theory of Public Life：Knowledge，Discourse and Politics in an Age of Decline ［M］.London/ Philadelphia：Falmer Press，1991：29.
❷ 高宣扬.当代法国思想五十年（上册）［M］.北京：中国人民大学出版社，2016：355.

用了一个必然是延异的语言，人们就不能再希望实现一个固定的或清晰的意义。每一个定义都需要被反过来再定义或再厘清。

　　阿格尔认为，严格地说，词语的选择既不能帮助人们思考，也不能解决知识争端。❶ 语言创造了它们自己的延异，从而成为自我解构的原因。这样，即使最好的写作也要坦率地期望与承认其自身的不确定性，拒绝实证主义的那种一劳永逸的清晰。德里达不特别关心提出具体战略以使写作变得更好，或者在社会科学中如何更好地进行经验研究等问题。德里达考虑更多的是，揭穿"语言仅仅是一个技术工具，用来形成单一意义"的谎言。阿格尔认为，"就德里达解构思想本身而言，它通过提醒人们注意实证主义把自己嵌入到语言以及社会科学中，就对实证主义加以强有力地去神秘化了"❷。在德里达那里，不存在通往意义的康庄大道。虽然通过语言的意义建构了各种文化实践，但这反过来又产生了新的混乱、矛盾与冲突。德里达像尼采所说的那样相信人们注定要闭锁于语言的牢房中，而似乎绝望于意义的全面清晰可能性，阿格尔因此将德里达解读为一个忧郁的相对主义者。不过阿格尔也承认，即使人们是趣味性地、暗喻地及讽刺地写作，但是德里达对写作的烦恼又暗示他相信语言可以是清晰的。

　　在阿格尔看来，虽然德里达是从语言及写作这一特定方向出发的，但他与法兰克福学派从价值中立批判等方面对实证主义的批判又走到了一起。德里达不仅可能会提出以熟悉语言的复杂艰涩来保护自己思想的深奥，也可能认为简单性产生了错误的清晰而压制了人们对作为语言不确定性的错综复杂的理解。在此意义上，法兰克福学派认为实证主义错误地把自己排除在神学及意识形态的自我批判之外，而德里达则揭示了实证主义如何在语言层面上要手腕的。"人们可以把德里达的作品解读为他对其所说的在场哲学，在哈特曼等人看来也就是对实证主义的，另一种指称的语言分析。德里达揭示了延异过程在页面之上及之下发生的实现机制，正如他也会指出其自身的作品完全是真正解构解

---

❶　BEN AGGER.A Critical Theory of Public Life：Knowledge，Discourse and Politics in an Age of Decline ［M］. London/ Philadelphia：Falmer Press，1991：28.

❷　BEN AGGER.A Critical Theory of Public Life：Knowledge，Discourse and Politics in an Age of Decline ［M］. London/ Philadelphia：Falmer Press，1991：29.

读的例子。"❶ 阿格尔对德里达的这种解读，就颠覆了实证主义者所宣称的虚假的简单性及完整性。

其三，阿格尔不仅指出德里达的解构思想颠覆了实证主义者所宣称的虚假的简单性及完整性，也指出德里达的后结构主义文学批评观暗示了对经验社会科学之深奥技术与方法论话语加以解读与改写的具体方式。

出于与其知识成果及复杂难懂的相关性，方法论就必须神秘化吗？像德里达不仅要对量化社会科学在技术上与数字上的深奥使用加以解码，而且要示范一种更容易接近阅读与写作的模式。尽管方法论编码了关于世界的特定假设与价值观，但解构拒绝把方法论仅仅视为一套处理数据的技术程序。也就是说，方法论可以向那些感兴趣于其深层假设与经验研究但又被其技术上与数字上深奥特征所吓倒的解读者敞开。

通过这样一般性的理解，解构有助于揭示那些被科学压制价值观及兴趣。在阿格尔看来，借助于把文本敞开于局外人，解构把科学政治化与民主化了，让局外人更可能介入科学的表层语言，在必要的时候质疑科学的深层假设。从解构的视角来书写科学，就是让科学摆脱过于依赖技术与数字的特点，而不断地全面审视其假设，从而欢迎读者的加入及挑战。当然，一种解构的科学文本从来都不会解决所有关于模糊性与不确定性的问题。科学不管怎样反思自己的价值、假设与方法论的选择，由于每一种解构也可以被解构，所以科学不能实现绝对真理。方法论就其自身而言就在讲述一个故事，可以从语言上来解读，从而以更少的技术性强制方式来改写。

后结构主义的解构思想还有助于科学的解读者与书写者认识到他们在科学文本中的读写涉入。"不管是多么表面的指意，文本的每一种语言特征都影响文本的全面意义。我们如何安排脚注、确定题目、描述问题，借助于文献评估而合法化论题，在陈述结果时所使用的量化方法的特征，都对我们文本的全面意义有影响。我们不仅可以把这些特征解读为丰富的副本，而且可以把它们解

---

❶ BEN AGGER.A Critical Theory of Public Life：Knowledge，Discourse and Politics in an Age of Decline［M］．London/ Philadelphia：Falmer Press，1991：29.

读为就其本身而言也是中性文本，从而对讨论一种科学所具有重要的影响。"❶
人们可以借助于认可这些表面是边缘的特点来改写科学，把它们转换成它们真
正要说的那些东西。后结构主义质疑了经验科学的大量文学规则，暗示人们不
能把科学简单地解读为对世界的镜像，而是要指出科学本身就是一种强烈的、
想象的，有时甚至是欺骗的文化干预。

　　阿格尔特别强调，尽管后结构主义聚焦于文学及文化文本，但是考虑到不
易对科学进行解构，所以德里达等人的解构思想不完全局限于文学及文化文
本。❷ 德里达之所以厌恶科学，是因为科学总是宣称排除了不确定性规律，从
而把实证主义等同于所有的经验科学。阿格尔对此不以为然，其理由是，对部
分解构者来说这是对科学的一定偏见，从而导致他们拒绝了所有客观分析，而
不仅仅是实证主义的虚假假设的客观主义。虽然德里达没有详细地阐述过一种
解构方法，拒绝程序化而偏爱他自己对写作、文化及哲学所做的示范性解读，
但德里达对写作的解构挑战了有关写作与阅读的传统假设。其实，这些关于解
构的见解中的一部分已经开始在社会科学专业中生根，尤其是关于文化理论与
实践的研究。阿格尔之所以倚重于德里达的文本分析模式来综合女权主义、后
现代主义与批判理论，并吸收德里达等人关于解读与书写的看法，是因为那种
看法取消了实证主义研究的仅仅反映一个静止固化世界的僵化模式，暗示了对
科学加以解读和书写的新方式。

　　总之，阿格尔坚信，"快速资本主义"绝不像实证主义者所暗示的那样不
可变革，相反，它是完全可变的。紧随此后，阿格尔打造了变革"快速资本主
义"的利器。

---

❶　BEN AGGER.A Critical Theory of Public Life：Knowledge, Discourse and Politics in an Age of Decline
　　［M］. London/ Philadelphia：Falmer Press, 1991：30.
❷　BEN AGGER.A Critical Theory of Public Life：Knowledge, Discourse and Politics in an Age of Decline
　　［M］. London/ Philadelphia：Falmer Press, 1991：30.

第二节 打造激进阐释利器

工欲善其事，必先利其器。只有找到有力的变革武器，才能实现对"快速资本主义"的真正变革。阿格尔发现批判理论、左翼女权主义、批判性的后现代主义虽然各有其变革"快速资本主义"的优势，但也各自存在局限，均不足以完成变革"快速资本主义"的历史重任。因此，阿格尔在法兰克福学派批判理论的立场上，将批判理论、左翼女权主义、批判性的后现代主义加以综合再造，把批判性后现代主义的"解构"改造为他所说的实质就是"批判"的"激进阐释"❶，以便实现对"快速资本主义"的文本解构与政治重建。

一、批判理论、左翼女权主义、批判性后现代主义各自均不足以变革"快速资本主义"

在20世纪八九十年代，批判理论不仅需要直面"快速资本主义"的诸多现实问题，也需要借用外部思想资源来保证其理论活力。如同在《快速资本主义：关于意义的批判理论》（1989a）所表示的要支持那些有助于揭示当下情境的批判理论的一些经验性变种，阿格尔在《关于公共生活的批判理论：衰落时代的知识、话语和政治》（1991）的开篇就直言"尽管我继承了这些理论家的思想，但也认为他们没有为批判理论用于分析20世纪90年代的公共生活问题提供十分充分的理论基础。因为批判理论仅仅成为一种方法，被不顾历史情境地胡乱使用，败坏了法兰克福学派的要旨，即批判理论毕竟是受限于其历史性，从而保证其适应性"❷。因此，批判理论只有积极地开展自我批判并接受外部挑战，才能跟上理论前进与实践发展的步伐，进而去变革"快速资本主义"。批判理论在变革"快速资本主义"上还存在不足。

其一，现有的批判理论还不能有效分析那些被以往的批判理论家所忽视的

❶ BEN AGGER.Fast Capitalism: A Critical Theory of Significance ［M］. Champaign: University of Illinois Press, 1989: 81.

❷ BEN AGGER.A Critical Theory of Public Life: Knowledge, Discourse and Politics in an Age of Decline ［M］. London/ Philadelphia: Falmer Press, 1991: 1.

大量关于现代性与后现代性的问题。在阿格尔看来，那些被以往的批判理论家所忽视的大量关于现代性与后现代性的问题，包括但不局限于学科知识的困境、科技专业知识的滥用、实证主义、种族主义、性别歧视、支配自然及公共话语丧失。公共话语的丧失，"是理性衰落的表现与结果，侵蚀了传统意义上的批判性文本与民主政治"❶。这该如何应对？

法兰克福学派理论家的最初成员把批判理论的一般理论逻辑应用到 20 世纪 30 年代的资本主义现实，把政治经济学与文化及意识形态的分析结合起来，从而做了大量重要理论引导下的经验性分析工作。如同凯尔纳等人的看法，阿格尔也指出，批判理论的这种重要理论聚焦随着哈贝马斯把批判理论转向语言学而几乎丧失。"尽管哈贝马斯研究了十分广泛的文献，以便把历史唯物主义重构为社会交往理论，但他的理论更是一种哲学理论，而不是经验理论或政治理论。"❷ 即使哈贝马斯在公共生活的完整理论模式方面留下了很多值得期望的东西，但他的新社会运动理论的折中主义与分散化特征，让他很难超越对有左派倾向的人们所支持的团体及其事业。因此，批判理论需要回到法兰克福学派第一代的理论引导下的经验分析模式。

阿格尔主张批判理论必须吸收批判性的后现代主义及左翼女权主义的洞见。唯有如此，批判理论才能在诸多重要方面推进卢卡奇与法兰克福学派等人对资本主义意识形态的马克思主义批判。发展后的批判理论必须把意识形态理解为嵌入日常生活的语言游戏中的一种过程、实践及结果，而不仅仅是那种印刷在传统文本上的让那些茫然的解读者与之保持距离的意识形态。❸ 批判性的后现代主义揭示了意识形态本身已经从书籍中弥散出来，而左翼女权主义则揭示了文本就像性一样充当了社会再生产的中介（agent）。

其二，更为不幸的是，法兰克福学派的批判理论也是以难懂的语言来表述，造成其批判性的信息不能再传达给那些希望提高自己生活的人们，从而进

❶ BEN AGGER.A Critical Theory of Public Life: Knowledge, Discourse and Politics in an Age of Decline [M]. London/ Philadelphia: Falmer Press, 1991: 1.
❷ BEN AGGER.A Critical Theory of Public Life: Knowledge, Discourse and Politics in an Age of Decline [M]. London/ Philadelphia: Falmer Press, 1991: 2.
❸ BEN AGGER.A Critical Theory of Public Life: Knowledge, Discourse and Politics in an Age of Decline [M]. London/ Philadelphia: Falmer Press, 1991: 2.

行有效的社会变革。为了用重构后的批判理论来理解批判性书籍匮乏与公共性话语稀缺、批判性文本意义遭贬等一系列衰落现象，阿格尔反思了批判理论自身的精英式话语，思考如何教育教育者这一问题。他认为需要有一种关于激进知识与民主的新思想，以解决"快速资本主义"中的公共问题。在阿格尔看来，这就不仅涉及以相对容易理解的方式来表述批判理论，以便于那些不熟悉欧洲深奥哲学及社会思想的人理解，也涉及把批判理论追溯到阿多诺、霍克海默及马尔库塞的知识模式。

文本与世界的界限，在"快速资本主义"中已经非常模糊，人们难以确认文本在何处停止，世界在何处开始。阿格尔指出，这就是文本性的隐蔽权力。文本书写了人们的生活而无明显的书写中介，从而阻碍了人们写作新文本。因此，批判理论需要理解公共领域是如何被那些默默支持各种不利于自由与正义行为的诡计所占领的。阿格尔力图把批判理论发展为激进阐释实践的意识形态批判模式，以便更直接地干预日常生活，解码那些支配当今生活经历的弥散文本。❶ 鉴于文本在一般意义上再生产了一种公共生活，阿格尔努力把后现代主义、后结构主义及女权主义综合起来，揭示话语在建构公共生活中的作用。

其三，批判理论的否定的辩证法带有强烈的消极性。阿格尔虽然是立足于法兰克福学派的批判理论框架来进行思考，但是他坚持必须把批判理论转码为一种能够创造解放性解读与新文化实践的非华美风格的文化研究。在他看来，阿多诺严厉地批评了当代资本主义的全面管制，其华美风格却不再是一种较好的立场。阿多诺和霍克海默等人的否定的辩证法思想，是那种在主体性衰落时代中许可主体性的令人振奋的自由主义解毒剂，但是否定的辩证法自身必须被否定，走向一种更积极形式的批判理论。阿格尔主张批判理论转向基于性别、文化及权力这些备受质疑领域的生活世界。

阿格尔批评法兰克福学派的理论家，认为他们似乎面对的都是受过高等教育的无产阶级大众，从而为政治反抗及文化表达设定了一个不可能实现的高标准。因此，法兰克福学派的理论家不能探测到那些与他们所说的总体转型的高度现代主义概念不一致的微弱抵抗。由于没有这种高尚的及受过教育的集体性

---

❶ BEN AGGER.A Critical Theory of Public Life: Knowledge, Discourse and Politics in an Age of Decline [M]. London/ Philadelphia: Falmer Press, 1991: 3.

主体，而导致阿多诺得出的结论是，创造一个新世界的机会已经不可改变地流逝了。❶ 阿格尔承认尽管有大量的证据显示阿多诺的悲观主义有些道理，但是考虑到资本主义社会支配，以及新保守主义成功地阻碍了新社会运动，否定的辩证法就不能像阿多诺所主张的那样。否定辩证法的失败之处，在于没有积极地介入性别及话语场域中大众及民粹主义的反抗，妨碍了大众及民粹主义者对那些有能力变革资本主义社会的新社会运动的可能性加以理论化。

在阿格尔看来，否定的辩证法之所以存在缺陷，不仅仅是因为阿多诺的文化品位使他未能积极地介入作为政治抗议基础的大众，损害了在《启蒙辩证法》中提出的文化工业主题的意识形态批判前景。阿多诺远离了日常生活琐事，以致他不能抓住那些作为 20 世纪 60 年代各种新社会运动标志的性别政治及话语的重要意义。其实，阿多诺和霍克海默被学生运动及反文化运动所吓住，它们被认为是不利于高度现代主义价值观的非理性主义及反现代化的因素。❷ 阿格尔这里绝不是在主张一种后现代的路德主义，而是在指出阿多诺的否定辩证法出现错误的地方在于阻止了阿多诺对日常生活进行区别性解读，而这些日常生活则集中了性别、文化及权力领域的反霸权发展。阿多诺没有把性别、文化及权力加以理论化为晚期资本主义的重要政治因素，其原因是他身上存在与其他批判理论家类似的盲点及偏见。

如果说法兰克福学派的批判理论不足以完全变革"快速资本主义"，那么阿格尔也没有忽视左翼女权主义类似的能力欠缺。阿格尔在肯定左翼女权主义之于"快速资本主义"变革的重要贡献同时，也着重批评了它之于理解"快速资本主义"存在的能力不足。阿格尔将之概括为所谓的女权主义方法论和女权主义者对经济主义的不当反对这两个方面。

首先，女权主义方法论将抽象和量化方法看作男性的领地，因此加以拒斥。阿格尔指出，女权主义崇尚直接的体验和自觉，尤其是女性的直接体验和自觉，并视之为现象知识的基础。女权主义的方法论在这一点上十分类似于社

❶ BEN AGGER.Gender, Culture and Power: Toward a Feminist Postmodern Critical Theory [M]. Westport, CT: Praeger Publishers, 1993: 150.
❷ BEN AGGER.Gender, Culture and Power: Toward a Feminist Postmodern Critical Theory [M]. Westport, CT: Praeger Publishers, 1993: 151.

会现象学与人种学方法论，从而回避了那种不再强调人们的经历与创造性的结构主义理论。女权主义的方法论不仅否认抽象，也反对量化方法。因此，女权主义者认为，数字尤其对妇女而言起到了社会支配的作用。以这种风格进行研究的女权主义者相信，在研究者与她们的研究对象并未建立移情的与政治的联系时，匿名调查研究是不道德的。

女权主义方法论的实质与阿格尔早些时候关于数字与符号的解读时所提出的一些观点明显相容，因为阿格尔也反对把世界加以方法论化与数学化。尽管如此，阿格尔也批评女权主义方法论不但错误地暗示了男性在本质上比女性更具抽象性思维，从而只能强化女权主义所反对的性别歧视的生物学基础，进而错误地拒绝基于伦理与政治的理论与思考，没有以自己的角度来认识世界。[1] 阿格尔认为，女权主义方法所反对的概念与数字，实质上不是男性特有的认识工具。话语的抽象性之所以存在，是因为它必须理解当今物质与理念之间所存在的复杂循环。类似地，"只有那些在社会统计学和研究方法论上很精通的人，才能理解这些知识工具在遮蔽从而强化了对世界的形而上学的进而是政治的解释时的复杂性"[2]。一旦把科学和数字解读为进行描述的文本，人们就会发现科学和数字都在表示特定的意义。

女权主义方法论在伦理上是支持现实的，因为它希望培育人们的精神，从而成为更好的养育者、诗人和"人"。很多在妇女研究部门中进行工作与写作的女性，都表现出对"妇女文化"及"妇女视角"的个人忠诚，把这作为一种建构体面女性共同体与形成新学科的方式。阿格尔虽然对这种方式表示理解，尤其是在那个力图把各种反抗加以压制的资本主义社会，但也批评以下倾向，即通过回避男性知识工具而拒斥男性世界，却因接受其他各种软硬方法而对其默认。如果理智不是纯粹的抽象，也不是纯粹的自觉，那么这种回避了量化方法与理论化的妇女研究的亚文化，只能认可男性对符号与概念的继续垄断。

阿格尔承认，虽然不是所有从事妇女研究的学者都回避了"男性"的方法

---

[1] BEN AGGER.Fast Capitalism: A Critical Theory of Significance [M]. Champaign: University of Illinois Press, 1989: 121.

[2] BEN AGGER.Fast Capitalism: A Critical Theory of Significance [M]. Champaign: University of Illinois Press, 1989: 121.

与概念，但是大多数从事统计和理论化研究的女性学者是在更为传统的社会科学学科中工作。类似地，女权主义方法论倾向于把自身仅仅应用于妇女的研究项目，从而错误地把研究的其他部分让与了男性，进而导致妇女研究边缘化。更为致命的是，它使得性别研究的正当性只存在于妇女研究部门中，而不是存在于各种分支学科以外的更为传统的学科中。❶ 阿格尔也承认，虽然对关涉妇女的体验与历史的研究加以合法化很重要，但那些使用女权主义方法论的人们倾向于将其妇女研究变成排斥性的专门研究，从而否认了传统学科中性别研究的有效性。

女权主义方法论只会加剧她们的边缘化，把实证主义的话语霸权强化为男性话语。阿格尔指出，实证主义不是一种男性知识模式，而只是一种与父权制及资本主义相关的历史产物。女权主义方法论的人文主义倾向，因拒绝在伦理与政治的基础上解读文本而没有解构地理解货币、概念、数字及科学。"快速资本主义"中价值的货币化，迫使人们把货币解读为一种指意模式，从而是一种社会支配模式。对类似诸如因性别差异而导致的收入差距等"硬性"问题的研究，不但解密了世界，也挑战了价值的经济化和货币化。这对女权主义学者而言至少提出了学科中的女性特殊性以及文化拜物教问题。

在"快速资本主义"中，如果说没有什么能够比科技专家的垄断与霸权更有利于资本主义的权力运作，那么女权主义的那种极力凸显女性特殊性的政治教育学，就因其拒绝解构性地解读技术能力与交往能力而变得很危险。阿格尔举例说，虽然在纽约州立大学的妇女研究计划中，为女性开设了心算与统计的课程，但是妇女研究的基础课程要求专门培养"妇女的灵性"❷。这些课程告知它们的学生是，由于理论、概念及数字都属于男性的领地，所以它们最好被基于人文学科的定性方法论所挑战。其结果是，从事妇女研究的学生事实上对社会理论与社会科学研究方法所知无几。

女权主义方法论被认为是民主的，因为任何人都可以借助于充分地关心其

❶ BEN AGGER.Fast Capitalism: A Critical Theory of Significance [M]. Champaign: University of Illinois Press, 1989: 122.
❷ BEN AGGER.Fast Capitalism: A Critical Theory of Significance [M]. Champaign: University of Illinois Press, 1989: 123.

研究对象而使用它。在妇女研究项目背景中所讲授的女权主义方法的民主特征，伴随着对"过程"与集体决策的女权主义估价。阿格尔再次举例说，妇女研究课程在纽约州立大学被宣传为"以学生为中心的"，以及对"成绩量表"的集体决策。在很多妇女研究计划事实上如同传统院系一样是极权的，甚至有过之而无不及。女权主义的教育学常常是一个权力地带，这是腐蚀性的极权主义社会法则所败坏的悲惨生活后果。❶ 这样一来，带有极权主义倾向的妇女就会利用归于情感化的方法来培育一种狭隘的妇女文化。

在阿格尔眼里，一旦女权主义在拒绝男性的抽象及量化方法时声称其在方法论上具有优越性，那它就是哈贝马斯所说的"左派法西斯主义"。很多左派男性在妇女研究的伦理权威面前之所以退缩，是因为理解了他们的性别对生产支配再生产的等级制具有历史性的影响，并不希望再重复这种现象。阿格尔带有保留意见地指出，这种做法也导致基于性别压迫的批判工作被进一步边缘化，从而失去了与理论总体性及政治总体性的联系。❷ 换句话说，培养妇女的灵性如同雅皮士吸食可卡因一样具有同样的不良政治后果，甚至更坏。

其次，女权主义方法论因过于迷恋文化而错误地拒绝了经济分析与政治分析。一旦理论拒绝了经济分析和政治分析，其常见后果就是没有总体性概念。阿格尔批评大部分中上层阶级的美国女权主义者夸大她们自己生活的政治重要性，指出她们的文化参与多局限于女性的剧院、音乐、电影及教育学。这样碎片化的个人实践与政治实践，十分难于把世界的总体性加以概念化。虽然对共同体的建构十分重要，但是美国大多数女权主义思想家所组建的特权化共同体为他人的斗争提供了一种极其不现实的模式。❸ 这种文化迷恋也加剧了对个人与局部加以专注的女权主义方法论劝告，进而导致女权主义研究计划在讨论班上仅涉及女性教职员工与女学生之间的权威问题，而非更具全球性的知识论题与政治问题。

---

❶ BEN AGGER.Fast Capitalism：A Critical Theory of Significance［M］. Champaign：University of Illinois Press，1989：123.

❷ BEN AGGER.Fast Capitalism：A Critical Theory of Significance［M］. Champaign：University of Illinois Press，1989：124.

❸ BEN AGGER.Fast Capitalism：A Critical Theory of Significance［M］. Champaign：University of Illinois Press，1989：124.

在阿格尔看来，女权主义常常只是一种生活方式，一种用于区分局内外人的文化表达及认同模式。文化忠诚取代了借之以评价真实信仰的知识标准与政治标准。服饰、化妆品的使用、文化品味、性认同等都表明了女权主义的特征。这些特征真实地表现了一个人对资深女权主义者所设置的用以支配其他妇女的既定标准的服从程度。不管这些女权主义者如何宣称妇女共同体是多么地富于生机，但她们都会因自身的权利约束及文化高估而败坏共同体。❶阿格尔这里不是说人们不需要或不应该对他人加以评价，而是说这些评价应该明显是包含了一整套知识的与政治的态度和行为的评价。

阿格尔批评美国的女权主义是过于文化的、等级制的、自由主义的、琐细的。由于美国女权主义者几乎如同任何人一样未能超越政治历史的实质性个人主义基础，所以她们是以与政治不相关的自大的方式表达了她们的不满。阿格尔不是在否认个人的也是政治的这一观点，而是认为美国学术界中的女权主义者在提出与解决她们自己所匮乏的爱、权威及认同问题时夸大了个人的政治本质。美国的女权主义者因过于关注自身而把政治学和经济学加以了非政治化。在阿格尔看来，个人固然重要，但是个人不能随意地建构总体性。"在个人主义以自身来取代其他任何人和任何事时，就成为非自由主义。"❷即使社会变革毫无疑问地会认可人们成为真正的人，但是孤独的自我不是一个政治议程。那些希望任何人都像她们一样的女权主义者，无法正确解决她们自己的人格问题和认同问题。

阿格尔不满于"快速资本主义"中的文化如同其他事物一样也被女权主义者区别性地享用与支配。阿格尔说："我们的校园自恃有妇女阅读和讨论小组，而这些小组由联系广泛的资深女性教员参加。当然，那里没有男性。另外，她们也不欢迎年轻的女教员，尤其是那些属于基于人文学科女教员共同体之外的女性。"❸阿格尔遗憾地指出，尽管美国的女权主义使用新左派的用语，但是它

❶ BEN AGGER.Fast Capitalism：A Critical Theory of Significance［M］. Champaign：University of Illinois Press，1989：127.
❷ BEN AGGER.Fast Capitalism：A Critical Theory of Significance［M］. Champaign：University of Illinois Press，1989：127.
❸ BEN AGGER.Fast Capitalism：A Critical Theory of Significance［M］. Champaign：University of Illinois Press，1989：124.

事实上在各个层面都再生产了等级制。特权化的资深妇女主导年轻的女性，从而导致她们与资本主义世界唯一区别在于，她们无止境地沉迷于自以为是之中。如同对文本的迷恋，文化拜物教也对那些没有经济负担的拥有特权的妇女所处的社会背景有所反映。

尽管经济决定论把所有的事情都归结为经济所致，无疑具有误导性，但是女权主义对文化的固守也不当地把政治与经济排除在批判性思考之外。阿格尔责备女权主义的诸多妇女研究计划不是为了对更大的妇女运动负责，而是在一定程度上代表了那些回避了经济学的妇女的一般利益。"在男性左派倾向于把性、家务劳动、文化忽视为次生现象时，女权主义者事实上以相反的立场把文化物化了。无疑，这不会把人们带向成功。"● 阿格尔把女权主义对文化的迷恋，溯源到妇女在新左派中的经历，指出关涉文化及日常生活的问题在那里被认为是比经济更重要的。

如同马尔库塞，阿格尔也认为尽管这有助于缓和正统马克思主义的经济决定论以及把新左派民主化，但是它仍然起着误导作用。借助于表明一种全面的唯物主义分析，阿格尔反对女权主义唯心主义地抛弃了一般的社会结构领域。他随后揭示了上述情形既源自于学术界的大多数女权主义者是中上层阶级，可以去剧院和参加音乐会，从而重视文化政治，也源自于从认识论上看，女权主义方法论内在地把非体验性的知识归结为男性的领地而加以拒斥。● 女权主义的研究主题多是文学、电影、艺术及音乐，而这些文化就像马尔库塞、本雅明及阿多诺等很多左派美学家所揭示的那样，很容易被处理为非物质的。在阿格尔看来，女权主义的妇女研究在考察文化领域中妇女压迫及妇女成就时缺乏一种总体性理论，从而造成其无法理解文化表达及压迫是如何借助于总体性而获得了意义。但是，对"快速资本主义"的激进解读要求一种总体性理论，借此深刻地理解性别与阶级统治，进而详尽地描述方法及完成批判工作。因此，阿格尔希望有所作为的左翼女权主义，走向作为广义批判理论的马克思主义。

● BEN AGGER.Fast Capitalism: A Critical Theory of Significance [M]. Champaign: University of Illinois Press, 1989: 125.

● BEN AGGER.Fast Capitalism: A Critical Theory of Significance [M]. Champaign: University of Illinois Press, 1989: 125.

阿格尔在反思法兰克福学派批判理论和左翼女权主义均不能完全独自变革"快速资本主义"之后，也没有简单地以为批判性的后现代主义就能独胜此任。在承认德里达等人文本解构思想之于"快速资本主义"变革具有重要借鉴意义的同时，阿格尔也指出了其在变革"快速资本主义"上存在不可忽视的理论局限。

其一，德里达等人的文本解构思想，很容易沦为简单的方法论或语言游戏，从而不关心"快速资本主义"的变革。左派对唯心主义担心的一个重要原因在于，一般的理论创新常常使人们只注重其方法论。阿格尔对此表示认同，并指出如果方法意味着它可以被应用到任何地方或任何事情上，那么也许只有批判理论才不是一种方法。这是因为几乎所有解释理论都不是政治导向的，从而很容易沦为方法论。❶ 因此，解构只有在其理解社会支配的复杂过程进而成为社会批判时，才对激进变革有价值。否则，德里达和其他人所提出的"解构"，因其源于尼采的非理性主义，而反对批判理论对理性的现代主义信仰，从而仅仅成为一种知识时尚。

这不是说任何人都可以主张马克思主义的自我认同，而是说只有在把那些以非正统的方式而表现出来的支配加以揭示与反对时，那些知识创新才能结出政治的果实。阿格尔一方面承认德里达以一种不同的学术规范阐明了自由脑力劳动，另一方面也批评德里达的解构思想在形式是好的，但在内容上不尽如人意。德里达的语言战略来源于书籍自身的原初本质以及对它们的传统解释。这样一来，解构既未能充分地玩转语言与物体，也未能把话语和实践加以政治化。

在阿格尔看来，只有激进的解构才能借助于抨击当今的"敌托邦"来预示乌托邦。也就是说，一旦语言被弥散到货币、科学、高楼、数字的外部环境而成为物体，且物体也可以表达意义，就必须让语言向自己的讽刺性揭露开放。❷ 当知识分子只注意到解构，却不再拥有他们自己的言语时，就容易招致

---

❶ BEN AGGER.Fast Capitalism：A Critical Theory of Significance［M］. Champaign：University of Illinois Press，1989：102.

❷ BEN AGGER.Fast Capitalism：A Critical Theory of Significance［M］. Champaign：University of Illinois Press，1989：103.

文本拜物教。阿格尔认为，德里达对马克思主义之所以具有借鉴意义，只是因为马克思没有预见到"快速资本主义"。就其本身而言，德里达的"解构"仅仅是语言游戏。

其二，一般意义上的文本解构只是在抵制现状，而不是去变革现状。在写作不再是行为之中介的地方，德里达的语言游戏确实可以被解读为对现状的反抗。阿格尔承认，在书籍成为物体且当这些物体借助于无意识的"阅读"而抵制这个世界，以及书籍进而与这个世界不再保持一定的距离的时候，去中心化的解构抵制了实证主义的线性特征。但是对现状的反对，首先必须在一个把思考加以边缘化的结构性力量的更宽泛的概念中表达异议。鉴于对实证主义声称其自身以科学性的方式保持敏锐，阿格尔支持科学计划成为一种在政治上运用批判的方式。

在阿格尔看来，一旦抛弃了马克思，对资本主义社会的抵制就是尼采式的。之所以如此，是因为它未能击中政治要害而成为不完全的否定。在绝对性空场的时候，语言不再具有重要性。虽然阿格尔错误地认为像理性、正义这样的概念没有历史性，但他却看到了其作为规范性理念的持久性特征。不同于德里达等人把意义的贬黜方法论化为后现代主义，阿格尔认为语言之所以被贬黜，是因为其目的是服务于那些把抵制加以弱化的世界历史力量。"虽然解构的无中心性遮蔽了结构的连续性，但结构依然存在。不过，人们仍需用不同的名称来揭示那些把人们压垮并侵蚀了人们表达和反抗能力的结构性力量。"❶

尽管德里达自称为一个马克思主义者，但是马克思主义的一般化色调并没有在他的解释性工作中得以表现。阿格尔虽然肯定德里达提出了一种暗示新型价值法则的文学模式，那就是一旦忽视了主客体等级制就只能再生产支配，但是他也认为一旦将"解构"作为一种方法，它就出现了自我崇拜。"解构"不仅把文本性安置在了错误的地方，也没有把话语的弥散理解为理性的衰落。这样一来，虽然后结构主义希望恢复意义，但是它没有首先理解意义是如何被销蚀的。也就是说，德里达等人的解读是具有内在性，从而把自我淹没在词语中。在阿格尔看来，更为不幸的是，德里达等人解构的只是那些与世界保持

❶ BEN AGGER.Fast Capitalism: A Critical Theory of Significance [M]. Champaign: University of Illinois Press, 1989: 104.

了一定传统意义上距离的书籍，而不是已经成为一本书进而抵制政治描述的世界。

最后，后现代主义者迷恋文本性，忽视了"快速资本主义"中的文本贬黜。阿格尔虽然称赞德里达等人反对把原始文本与其衍生批判加以割裂，具体论述了"解构"本身就是一种强烈的建构行为，预示了一个书写者的世界，但也批评他们没有理解如何以作者化的写作来批判一个去作者化的世界。尽管分析在进行自我叙事时无须再现地进行，但"解构"把分析回避为实证主义的线性，从而导致他们缺少分析。后结构主义拒绝了结构分析，却无法否认结构的存在，即使结构不是列维·施特劳斯（claude Levi-Strauss）和福柯所追溯的那种不变的自我闭合的结构。"结构可以被重建，尤其是在结构被历史化为恰恰是它们原本的典型模式。其实，在结构的结构性符号系统被闭塞为自然的一部分时，它似乎是无法改变的。"❶"快速资本主义"的社会结构，同样需要文本以掩盖它的政治暂时性。

一般说来，语言成为自然的一部分时就遭贬了。阿格尔对此提出的解决办法不在于完全的语言游戏，而在于一种概念的突变。这种突变既要把僵化的物体重新描述为文学性作品，又要让其自身预示一种非实证主义的、非二元主义的文化。激进的"解构"必须讽刺性地借助于二元主义的言语来揭穿二元主义，把概念与事物加以区分，以便最终把它们联系在一起。分析，让自身与世界保持距离，因此也存在掩盖了自身力图创造另一种存在秩序的危险。人们在那种秩序中思考分析时，不会让它割裂于编码了它的语言游戏过程。"解构"声称，属于自己的时代已经到来，有些夸大其词，因为真正的文本愉悦必须等到文本性从其对象化中获得解放之后。

二、批判理论、左翼女权主义、批判性后现代主义三者要进行对话

阿格尔积极主张，作为西方社会中变革"快速资本主义"相对有力的批判

---

❶ BEN AGGER.Fast Capitalism：A Critical Theory of Significance［M］. Champaign：University of Illinois Press，1989：105.

理论、左翼女权主义与批判性后现代主义，鉴于它们各自既有优势也有不足，从而必须展开积极的对话，以更好地变革"快速资本主义"的历史重任。否则的话，它们非但不能共同完成历史任务，还可能因相互分割而阻碍各自的发展。

在阿格尔看来，批判理论、左翼女权主义与批判性后现代主义都来自于那个阻碍批判发挥功效的后现代资本主义，它们是同一种文本实践的不同版本。这种文本实践是一种更宽泛的批判性社会理论，它揭示了从资本对劳动、男性对女性，到社会对自然、概念对事物的各种中心对边缘的支配。这些支配都来源于支配中心的分化伎俩，从而导致主体与客体之间存在的等级制既成为一种认知模式，也成为一种具体的社会实践。这种对社会支配的建构，围绕着主客体之间的对抗性中轴而旋转，而这个普罗米修斯式主体主宰了表面上无法抵制但随后会反抗的客观世界。一旦这种社会建构被错误地承认为一种实现社会支配的合理等级制，就会造成其中有些事物在重要性上理应次于他物。

阿格尔认为，无论是批判理性的衰落，还是左翼女权主义理性的衰落，都完全是与"快速资本主义"中整个理性衰落相一致的趋势。他极力以意义的贬黜来理解这种现象。在人们丧失了写作与解读那些能够与它们所揭示的世界保持一定距离的书籍的地方，整个理性衰落了。在"快速资本主义"中，没有什么理由可以保证左翼的马克思主义者、女权主义者、后现代主义者不被俘虏从而避免理智的衰落。虽然有人认为他们可以避免出现衰落，但是阿格尔认为必须揭示左翼的马克思主义者、女权主义者、后现代主义者的理性衰落速度。[1]因此，为了重振"快速资本主义"中的整个理性，左翼的马克思主义者、女权主义者、后现代主义者必须进行对话。阿格尔为此首先探讨了左翼的女权主义、后现代主义者必须走向马克思主义。

阿格尔注意到虽然左翼女权主义者、批判性后现代主义者希望他（她）们的声音在被听到之前能参与各种对话，但是他（她）们因处于"快速资本主义"中而被边缘化。美国的女权主义在其产生时带有否认总体性的个人主义与极权主义的烙印，这是所有问题中最重要的。女权主义理论在拒绝了结构性

---

❶ BEN AGGER.Fast Capitalism：A Critical Theory of Significance［M］. Champaign：University of Illinois Press，1989：128.

理解而把性别仅仅作为一种男性思维计划的因素时，有成为教条的危险。一旦女权主义拒绝了马克思主义，就不仅仅是在抵制马克思主义的领地。"它回避了由马克思所扩展而超越了黑格尔思想的一般理性，即使这种理性是不完美的。"❶ 究其根源，女权主义在围绕性别这一中轴而区分社会存在时是生物学主义的，因为这无意中与占统治地位的性别歧视者的生物学主义走到了一起。

在把女权主义重新解释为一种对私人领域从属于公共领域、再生产从属于生产的批判时，阿格尔似乎用妇女运动及妇女问题来理解男性的自由。但是，在他理解不同形式的支配都属于世界历史的同样复杂过程时，那些都是他要解决的问题。"我们都是妇女，因为在一定程度上，我们都介入到我们活动的贬值中。同样，我们也都是工人，因为我们也都参与契约尤其是劳动契约的拟定，尽管劳动在那里不符合我们的利益。这样说，不是要取消差异，而是因为我们中的一些人比其他人更'妇女'，更是无产阶级。"❷ 这就是说，从遭到社会支配的根源来看，人们在利益与遭受压迫方面具有共性。可惜的是，这又恰恰是最难以思考的事情。在阿格尔看来，女权主义是关于无价值行为是如何接受了它自身的无价值性，再生产了它自身的从属性从而使得那些支配了价值领域的人们变得更富裕的。当然，在妇女被指认为对再生产领域负历史性责任的地方，以及反过来她们的性在父权制下又被征服的地方肯定涉及性别。但是，如同马克思主义本身不局限于工人阶级，所以女权主义也不能局限在妇女方面，尽管女权主义包括这些内容的很多方面。女权主义在个人的与文化的肤浅政治中的制度化就只能助长"快速资本主义"。因此，即使仅仅是为了自身的前途考虑，左翼女权主义也必须走近马克思主义。

此外，不消说那些为后现代资本主义唱赞歌的后现代主义者，就是那些具有批判性的后现代主义者，也往往因拒绝宏大叙事等原因而远离了马克思主义。其结果是，这些批判性后现代主义者的理论生命力也就大打折扣。如同哈

---

❶ BEN AGGER.Fast Capitalism：A Critical Theory of Significance ［M］. Champaign：University of Illinois Press，1989：128.

❷ BEN AGGER.Fast Capitalism：A Critical Theory of Significance ［M］. Champaign：University of Illinois Press，1989：129.

贝马斯，阿格尔也认为后现代主义过早地放弃了启蒙运动的前提。❶ 如此一来，后现代主义就抛弃了作为现代主义政治目标的包括自决和工人领导在内的民主。虽然后现代主义将想象力从现代主义中解放了出来，现代主义即将资本主义现代性扩大为历史的完全性的倾向，但当后现代主义断言历史已经终结并达到了现代性的终点时，其历史哲学就不正确了。一种基于法兰克福学派批判理论的总体性目标的后现代主义，可以把历史重构为后资本主义的打断了支配连续体的后现代性的可能性。但是就后现代性历史计划这种可能性来说，需要其把历史总体化，揭示一种可以展开社会变革的世界历史向量。

左翼的女权主义、批判性后现代主义固然需要走近马克思主义，但这绝不意味着马克思主义可以完全孤芳自赏地拒绝走向左翼的女权主义、批判性后现代主义。阿格尔认为"快速资本主义"中的马克思主义由于接受了付酬劳动中资本主义的价值标准，而基本上遗忘了女权主义所强调的妇女受压迫的特殊性。一些马克思主义者对此的辩护是，他们必须像马克思在《资本论》中揭示资产阶级的政治经济学所做的那样以其自身的视角来揭示资本主义的异化劳动。尽管马克思抨击资本主义劳动契约是一种使工人遭受公共压迫的工具的思想值得肯定，但是一些马克思主义者所忽视的私人领域恰好是女权主义批判的主题。"在私人领域中，妇女承受着无酬再生产责任的主要冲击力，另外还要在公共领域中遭受剥削。问题在于，如何把马克思主义和女权主义加以整合，而不会因门户问题而处于困境。这不但要教育教育者，还涉及教育者的性别归属。" ❷

阿格尔自己对这个问题的回应是，重新从生产与再生产之间，即所谓的私人领域与公共领域之间存在的更宽泛等级制的视角，来重新思考妇女遭受的压迫和想象力遭到的惩戒。被分为公共领域和私人领域的文明，已经让前者对后者拥有特权。这就如同古希腊的哲学家之所以能够生活在城邦中，只是因为妇女和奴隶从事必要的劳动。阿格尔之所以提出这种关于再生产的支配主题，是

❶ BEN AGGER.Gender, Culture and Power: Toward a Feminist Postmodern Critical Theory [M]. Westport, CT: Praeger Publishers, 1993: 23.
❷ BEN AGGER.Fast Capitalism: A Critical Theory of Significance [M]. Champaign: University of Illinois Press, 1989: 118.

因为这以助于阿格尔解释文本性如同性别，是如何助推了主导性的公共秩序的。其实，在公共秩序存在裂化与内爆的危险时，远非处于次要地位或衍生地位的包括性、文本性、心灵、文化在内的再生产生产了社会支配。

阿格尔还指出，左翼的女权主义、批判性后现代主义与马克思主义具有互补性。先是"女权主义对马克思主义的特殊贡献在于它把再生产领域加以政治化，而该领域在以前完全被贬黜为无价值的、无偿的、私人行为的领域。马克思主义为女权主义贡献了一种结构性的分析方法，因为女权主义的危险是把对一种特殊利益的呼吁当作一种普遍的批判"[1]。再就是"后现代主义既非必然地反对马克思主义，也非'超越'了马克思主义，它需要成为女权主义的后现代主义。根据一定的后现代话语原则，科学可以被解构地重构。如果回避了科学的文本性，科学就沦为狭隘的知识。人们可以利用同样的批判方式去揭示大众文化和高雅文化。福柯、巴特、德里达、鲍德里亚、利奥塔、克里斯蒂娃、伊格里蕾和希克斯的法国传统上的后现代主义，并不必然地反对德国的批判理论，特别是对阿多诺、霍克海默和马尔库塞曾预示到的许多后现代看法"[2]。

阿格尔这里的意思是，如果马克思主义对资本与劳动之间矛盾的批判，是一种针对在公共与私人、有偿劳动与无偿劳动、男性与女性、有价值的与无价值的之间存在的等级制的更为宽泛的批判，那么马克思主义与左翼女权主义和批判性后现代主义在很多方面就是一致的。[3] 阿格尔在这里不是要求马克思主义丧失自己的特殊性，而是指出它应该借鉴左翼女权主义、批判性后现代主义的批判元素，以发现自身盲点，从而实现自我重建。阿格尔对马克思主义与左翼的女权主义、后现代主义之间关系的这种对话性探讨，点明了在变革"快速资本主义"时他们应该互鉴。否则，它们的相互隔绝只会繁殖更加巨大的分裂，进而加深在生产与再生产、客体与主体、自然与社会、男性与女性、白人与有色人种之间的等级制。在抵制被"快速资本主义"刻意区隔化的地方，左

---

[1] BEN AGGER.Fast Capitalism: A Critical Theory of Significance [M]. Champaign: University of Illinois Press, 1989: 101.

[2] BEN AGGER.Gender, Culture and Power: Toward a Feminist Postmodern Critical Theory [M]. Westport, CT: Praeger Publishers, 1993: 29.

[3] BEN AGGER.Fast Capitalism: A Critical Theory of Significance [M]. Champaign: University of Illinois Press, 1989: 101.

翼女权主义、批判性后现代主义、马克思主义必须联合起来进行社会变革。

三、从"解构"转向"激进的阐释"

阿格尔不仅主张将左翼女权主义、批判性后现代主义、批判理论联合起来，以变革"快速资本主义"，他还在此基础上又进一步提出了女权主义后现代批判理论，以整合并充实法兰克福学派批判理论、左翼女权主义、批判性后现代主义这三种理论所涉及的批判性理论元素，进而在政治参与和社会变革的维度上把批判性后现代主义的"解构"思想加以激进化的再造。

如上文所述，"快速资本主义"把文本与物体相互变换，不仅催生了新型的物质化文本，也造成传统文本意义的遭贬。阿格尔认为只有通过一种别样的读写实践，也就是通过激进的解构，才能扭转这种困局。❶ 阿格尔从阐释学者伽达默尔，尤其是后现代主义者德里达等人那里借鉴了文本解读的"解构"思想。在此基础上，他不仅解读了"快速资本主义"中的各种文本，也将"快速资本主义"自身解读为一个文本，进而着重探讨了"快速资本主义"的变革问题。❷ 因此，理解阿格尔"快速资本主义"变革思想的关键之处在于，要认识到阿格尔把后现代主义"解构"思想创造性地转换为"激进的阐释"，创新性地丰富了法兰克福学派"批判"概念内涵。否则的话，我们很容易将他所说的"快速资本主义"变革混同于我们常说的"快速资本主义"批判。因此，我们必须首先阐明阿格尔的"批判"概念的真正含义。

在《快速资本主义：关于意义的批判理论》（1989a）中，阿格尔基于后现代主义的"解构"概念并将"解构"激进化，从而提出了"激进的阐释"这一概念。他随之又在《性别、文化和权力：走向女权主义后现代批判理论》（1993）中，把法兰克福学派，尤其是阿多诺的"否定辩证法"意义中具有"否定"本体论倾向的批判，改造为既有"否定现实"意义也有"重新建构"

---

❶ BEN AGGER.Fast Capitalism：A Critical Theory of Significance［M］. Champaign：University of Illinois Press, 1989：79.

❷ 尽管阿格尔在这里也把后现代资本主义解读为一个文本，但阿格尔不同于一些后现代主义者，他们把世界视为一个没有他物的文本，而阿格尔认为世界除了文本之外还有他物，从而承认基于历史的政治转型的可能性。

意义的"批判"。在阿格尔看来，所谓的"激进"，就是认识到阐释学是一种典型的保守主义，从而必须把德里达的后现代主义"解构"思想激进化。也就是说，作为阐释的"解构"原本只意味着它是一种解读战略，再加上"激进"一词之后，它就可以成为政治战略。阿格尔有时之所以又用"批判"来指代"激进的阐释"，只是因为在他看来，"批判"是一个比"激进的阐释"更短的名称而已。❶

"激进的阐释"这种别样的读写实践采用公开叙事的方式，将现有被贬黜到社会环境中的文本加以重新解释。"激进的阐释"把各种社会文本解读为可以被矫正的文本，然后以政治上的不同术语把它们加以改写，从而具有特定的政治意蕴。同时，激进的解构蕴含对各种文本创作目的挖掘和文本改写这两个密不可分的孪生计划，并把再生产本身也重新估价为一种创造性活动，从而预示了一种全新的社会秩序。简而言之，阿格尔希望人们一旦明白了理解是一种直接的政治重建模式，而不是一种在重要性上次于经济生产的辅助性行为，就可以把这解释战略称为"激进的阐释"。阿格尔在说明"激进的阐释"内涵的同时，也说明了"激进的阐释"在重申政治和重写文本上的特质。

首先，"激进的阐释"这一解释性战略重新强调了政治。虽然解读刺激了想象力，预示着一种以高雅矫正的形式把书写者集合在一起的生活方式，但一般的解读就其本身而言还不是完全的政治。形形色色的思想家之所以都抵制意识形态概念，是因为它似乎暗示了对社会变革的自发主义和唯心主义的理解。与此不同的是，马克思主义者在这个问题上因涉及对"快速资本主义"的意识形态批判，而让"激进的阐释"带有强烈的政治意涵。作为一个马克思主义者，阿格尔尽管承认历史的动力源自大规模社会经济结构的冲突，但也强调意识形态的重要性。也就是说，"当人们认识到他们失去的只是锁链的时候，也存在一个惊心动魄的时刻。在那个时候，结构的优先性开始弱化，人们将以历史创造者的身份取代历史剧中人的身份"❷。在人们理解了意识形态的物质特征

---

❶ BEN AGGER.Fast Capitalism: A Critical Theory of Significance［M］. Champaign: University of Illinois Press，1989：97.

❷ BEN AGGER.Fast Capitalism: A Critical Theory of Significance［M］. Champaign: University of Illinois Press，1989：80.

与社会结构的文本性时，就会辩证地看待社会结构和意识形态在社会变革中的具体作用，而无须跌入非此即彼的二元主义泥沼。

"激进的阐释"也提出了一种拒绝简单机械论的辩证权力观。阿格尔指出，"激进的阐释"没有忽视权力压制一些人的同时，也关注一些人享有特权的持久现象。权力的自我强加，在一定程度上是可以被颠覆的，尤其是在发达的工业社会中，几乎可以消除很多不必要的受剥削的劳动。虽然资本主义的总体性是可以改变的，但是如果不能把"快速资本主义"理论化为一种历史产物，甚至是一种强迫适应其表面上顽固性"文本"，就不能把那种总体性加以颠覆。无论如何，社会变革只能以具体的形式出现。在阿格尔看来，马克思所说的"剥夺者被剥夺"，总是取决于工人阶级革命的鼓舞技巧和组织技术。也就是说，社会主义在一定层面上取决于文本。而这些文本可能是《共产党宣言》或者其他形式的激进鼓动和"激进的阐释"。

阿格尔这里的本意不是要把历史消解为意识或意识形态，而是认识到叙事本身也是一种权力。因此，阿格尔既同意权力无处不在的看法，也同意权力只在华尔街的观点。阿格尔所思考的如何放慢意义贬黜过程的方式，就是把"激进的阐释"看作一种新的建构。这种形式的思考坚持了马克思对资产阶级政治经济学的批判，继承了马克思的论断，即借助于把资产阶级市场的类自然模式加以历史化而同时对其去神秘化，从而预示了资本和劳动不再是相对立的价值术语的一种新的经济秩序。

其次，"激进的阐释"这一解释性战略可以重写现有文本。意识形态批判在其最传统的意义上，没有充分地揭示那些深深地弥散到自然中的意识形态化文本。"快速资本主义"社会里，在何为意识形态与何者不是意识形态之间，几乎不存在十分清晰的界限。意识形态并非自我有意地规划为一种特定的事态，直白地表达自身的立场。事实上，意识形态被掩盖在表面上是反映自然的文本中。"这一直是把人们的苦难看成宿命的社会本体论的一个目标，因此必须把意识形态主张追溯到被贬黜意义的本真，以便颠覆它们对思想的强迫性束缚。" ❶ 只有借助于"激进的阐释"来刺激人们的想象力，才能揭示文本自身弥

---

❶ BEN AGGER.Fast Capitalism：A Critical Theory of Significance ［M］. Champaign：University of Illinois Press，1989：81.

散到物体中的社会存在，进而揭露这些物体似乎不是一种转换了手法而叙事的文本。

"快速资本主义"加速了思维，以致别样的想象也需要耗费很长的时间，反抗也很容易以肯定的方式而被整编。这样，因其被局限在利益集团政治的通常改革议程，即使不是被局限在明确的尤其包括了消费的肯定性行为，激进的议程也极易遭受删节。因此，"激进阐释的目标是把文本性加以历史化，其方式是把文本性概念的暂时性揭示为一种写作活动中的欺骗过程"❶。马克思通过揭示资产阶级政治经济学范畴描述资本主义历史性，进而把那些范畴加以历史化，阿格尔借鉴了这种方法，他相信"激进的阐释"可以把弥散"文本"的瞬时性加以缓和和拖延。这些"文本"之所以不容许中介性的解读，是因为它们充满了被社会所掩盖的书写特性。通过激进的解读来放慢意义的贬黜过程，以便让物体不再等同于以名称及意义而指称它的示意。随后，语言也会主张自身运用于思辨进而是社会建构的权利。

阿格尔认为，文本的历史性开启了它们在由平等交谈者所构成的共同体中被改写的可能性，而这种改写显示了以前只是作为符号出现的作者。鉴于文本在一个实证主义世界里被弥散到物体之中，必须把建筑的、文本的、符号的环境加以重新作者化。一旦建筑物、书籍、数字被解构地描述为他们原本的生动故事，它们就可以被叙事地解读。对写作中的历史性的挖掘，也可以揭示书写的欺骗行为是如何刻意地选择了符号和话语。在此意义上，重新创作化的解读，将认可人们把重新表述的可能性视为既是写作实践，也是政治工作。对"文本"的这种叙述，把它们在外部世界中出现的自我异化加以修复，让原初的文本从物体中返回。阿格尔还特意指出，鉴于"文本"隐蔽地把自身等同于既定秩序的动机，解构地解读不足以颠覆文本的惩戒效应。因此，"激进的阐释"还必须把被重新表述的版本介入到对社会可能性的辩论中去，拒绝那些被掩盖在社会学、城市、感知中而后又在实际事态中加以再生产的社会宿命化的

❶ BEN AGGER.Fast Capitalism：A Critical Theory of Significance［M］. Champaign：University of Illinois Press，1989：81.

描述"❶。

最后，"激进的阐释"这种解释性战略致力于改变世界。马克思的《关于费尔巴哈的提纲》的第十一条这样说："哲学家只是用不同的方式解释世界，而问题在于改变世界。"❷ 阿格尔在不同场合多次高度赞赏马克思的这句名言，并继承了马克思辩证法的批判思想，把世界解读为充满矛盾的社会存在。在阿格尔看来，一旦被刻意解读为文本的物体似乎抵制了乌托邦，"激进的阐释"就把文本历史化从而重塑了历史。阿格尔举例说，斯密与李嘉图、戴维斯和摩尔、帕森斯和巴勒斯，都被解读为表达了讽刺性的辩证真实。之所以如此，是因为他们描述了一个包括他们自己作为支持性解释在内的凝固世界。这个需要被描述的世界，隐蔽了自身带有的顺从缺陷。但是，"激进的阐释"则把世界的公开性利用为一种进行别样写作与生活的机会。

"激进的阐释"不仅要揭露意识形态使之不再如此，而且通过这样的做法，帮助人们对它的可能性加以别样地思考。阿格尔认为，如果能够把关涉货币、科学、高楼、数字的被弥散文本成功地加以描述，"激进的阐释"就可以再造一个作为共同体对话规范的公共世界，从而让人们可以在那里共同解读与写作。❸ 一旦实现了这种情况，"激进的阐释"就必须思考如何把自己与其他版本及解读者联系起来，并把这种欲望整合到自身对文本与物体加以批判性的理解之中。阿格尔也表示出对文本拜物教者的担心，因为那些人把物质世界与文本世界加以混淆的程度是如此之深，以至似乎在文本之外无他物，从而抛弃了把话语揭示为社会支配中介的意识形态批判的特殊性。

阿格尔认为"激进的阐释"即使回避了建构，它也是乌托邦化❹的。"激进的解释"在抵制社会固化时事实上已经暗示了一种不同的存在秩序，并把自己当作这种新秩序的范例。不像实证主义，"激进的阐释"考虑到自己在创造这种新秩序时的作用，希望美好社会存在于民主交谈的规则之下。"激进的阐

❶ BEN AGGER.Fast Capitalism：A Critical Theory of Significance［M］．Champaign：University of Illinois Press，1989：82.

❷ ［德］马克思，恩格斯．马克思恩格斯文集（第1卷）［M］．北京：人民出版社，2009：502.

❸ BEN AGGER.Fast Capitalism：A Critical Theory of Significance［M］．Champaign：University of Illinois Press，1989：98.

❹ 在一般的意义上，"乌托邦"是一个带有贬义色彩的术语，但阿格尔在这里使用"乌托邦"时，则带有褒义色彩而非贬义色彩。

释"在其可以既是激进的解读，又是政治的能力中例示了这些规则。因为"激进的阐释"致力于改变世界，所以它认识到其历史性是一种要求其他版本完善其人性的伦理基础。在认识到"快速资本主义"常常压制否定性思考的时候，"激进的阐释"为挑战现状而保有压力。不过，"激进的阐释"的美好社会规范，可以成为一种社会秩序建构原则，能够超越这种情况。

虽然阿格尔主张运用其所说的"激进的阐释"这一武器去改造"快速资本主义"，但是这并不意味着阿格尔赋予了"激进的阐释"可以享受不被质疑的特权。相反，他在不同场合多次强调"激进的阐释"既要接受他人的批判，也要进行自我批判。这本身也是平等对话的基本要求和重要体现。尽管阿格尔这方面的论述有些零散，但总体上看阿格尔大致讨论了"激进的阐释"接受批判的重要意义和应该处理好的基本关系。无论是解读美国主流社会学、实证主义科学，还是建构公共社会学和批判的社会理论，阿格尔始终坚持知识民主化与对话民主化，反对社会的等级制化和文本的去作者化。在他那里，主动接受来自他人与自我的质疑与批评，对于"激进的阐释"而言具有重要意义。

首先，这是彰显公共性、避免自娱自乐的需要。"激进的阐释"的目的，不仅在于认识"快速资本主义"，也在于改造"快速资本主义"，更在于超越"快速资本主义"。"激进的阐释"在激进地解读其他文本的时候，也要牢记自己其实也是"一种文本"❶。既然是文本，那么"激进的阐释"就不能忽视自己被解读的可能性与必要性。即使真正的解读者"没有与我们一同站在公交车上，或者坐在我们的教室里"❷，"激进的阐释"也必须考虑到要引起解读者的关注。作为文本的"激进的阐释"，不能像一些文本那样根本不是让人们去阅读而只是为了自娱自乐。否则，就会导致由于巴特式的文本愉悦而模糊了"激进的阐释"应有的任何公共性维度。

阿格尔一贯强调，实证主义的替代物，绝不是文本迷恋者所从事的那种作者主体性的独自狂欢，而是"激进的阐释"。虽然文本是世界的一部分，然

---

❶ BEN AGGER.The Decline of Discourse: Reading, Writing and Resistance in Postmodern Capitalism, London /Philadelphia: Falmer Press, 1990: 79.

❷ BEN AGGER.Fast Capitalism: A Critical Theory of Significance [M]. Champaign: University of Illinois Press, 1989: 88.

后又决定性地复制了它，但是一个社会的和物质的世界仍然存在于文本之外。"激进的阐释"绝不能像后结构主义那样不去期待一个有想象力的解读者，因为它要把自身看作政治行为，而不是把民主政治视为启蒙运动权力欲望的另一个赘生物。否则，那在理论上和经验上都是错误的。尽管进行"激进的阐释"的解读者在"快速资本主义"里很难发现，但是也必须料想到有乌托邦思想的解读者。一旦"激进的阐释"拒绝走向公共性，"那只能导致公共性的衰落"❶。因此，阿格尔批评德里达没有认识到"激进的阐释"在重建公共性中的民主政治责任。

其次，是保持公开性、避免沦为惰性存在的需要。任何事物一旦自我封闭，就会走向衰亡。在阿格尔看来，除非"激进的阐释"认识到批评不是意味着把文本公开于诸多版本，而是把它自身确定为一种永久性版本时，"激进的阐释"才应该是防御性地回避批评。如果批评的出发点是开启或重塑人际关系，而不仅仅是挖苦和惩罚，那么倾向于愉悦和对话的"激进的阐释"就应该向批评开放。❷ 鉴于实证主义的思维习惯是如此根深蒂固，以致几乎无法防止一些左派人士抵制左派朋友的批评，阿格尔呼吁左派以一种自我解剖的方式进行自我反思，以免左派的科学主义超过了其社会变革的欲望。阿格尔提醒一些马克思主义者，牢记马克思是如何满怀激情地抨击了资本主义，而不是借助于自身的实证主义版本强化了实证主义领导权。马克思主义的正确性，不仅在于理论也在于实践，更恰当地说应该是那种不断把自身加以理论化的实践。

在预设解释具有不可动摇性与无限性后，"激进的阐释防止了自身的方法论化"❸。阿格尔指出，在乌托邦只是逆转了传统的时候，乌托邦依旧是压迫性的；马克思主义的实证主义仍然是实证主义，如同左派的与右派的寡头集团仍然是支配他人的集团。"激进的阐释"必须制止的倾向，是把自身安置为一种新的绝对，从而删节了那种保证认识论民主与政治民主相统一的解读与写作的

---

❶ BEN AGGER.Fast Capitalism：A Critical Theory of Significance［M］. Champaign：University of Illinois Press，1989：77.

❷ BEN AGGER.Fast Capitalism：A Critical Theory of Significance［M］. Champaign：University of Illinois Press，1989：91.

❸ BEN AGGER.Fast Capitalism：A Critical Theory of Significance［M］. Champaign：University of Illinois Press，1989：91.

螺旋式发展。尽管压迫性的社会支配是绝对的错误，但是针对于此的异议未必都是绝对的正确。通过抵制那些取消了各种争论的版本，"激进的阐释"把自身解读为另一种可以被矫正的版本，以免自身沦为另一种顽固的存在秩序。

最后，是牢记政治性、减少被迫"学术化"的需要。如同雅各比，阿格尔也认为20世纪90年代的美国已经失去了整整一代的批判思想家。激进的左派已经几乎被"快速资本主义"完全地加以规训，从而导致"激进的阐释"如同其他事情一样也被学术化。这样一来，学术等于思考减去激情；学科成为一种社会支配力量。在阿格尔看来，左派必须从中吸取教训，以便创造机会。这就需要探讨像后结构主义那样非政治的知识传统，以便为那种把解构视为一种无用的激情而加以抛弃的僵化的批判理论补充营养。尽管阿格尔同意雅各比关于可以把一代批判知识分子的丧失归结为思考的学术化和城市的郊区化的看法，但是阿格尔也认为这还涉及其他原因。考虑到在"快速资本主义"中文本与世界之间边界的模糊模式，不仅仅因为左派不是在为受过教育的读者，而是为一般的读者在写作，也因为甚至没有人可以去为之写作。❶ 不过，物体已经成为文本的事实，有助于揭示书籍为什么不再像往常一样再与世界保持批判的距离。

为了抵制自身的学术化，"激进的阐释"必须牢记自己的民主政治期望。如果抵制其自己成为资本主义潮流，"激进的阐释"就必须历史地理解自身和世界。阿格尔认为这虽然不是解决办法，但是这在吞噬了否定性思维的时代，也可以破除"激进的阐释"的困境。"即使在这个时候不能改变世界，至少也要避免犯错。同时，谁也不知道他自己的版本会被接受、交流和矫正。在这个借助于把文本弥散到物体中而压制了文本的时代，不去冒着风险写作是不值得辩护的。"❷ 世界不是无缝的，至于距离无缝还有多远，这是另一个重要但不是决定性的问题。在反对那种对和谐夸夸其谈而以便制造它的实证主义时，"激进的阐释"提出了总体性以便分散和谐，并警醒人们要用批判性的文章和民主

❶ BEN AGGER.Fast Capitalism: A Critical Theory of Significance [M]. Champaign: University of Illinois Press, 1989: 115.

❷ BEN AGGER.Fast Capitalism: A Critical Theory of Significance [M]. Champaign: University of Illinois Press, 1989: 116.

政治来把这种总体性加以颠覆。

"激进的阐释"如何接受内外部的双重质疑？这是继"激进的阐释"为何要接受内外部双重质疑之后应该回答的问题。毫无疑问，尽管阿格尔本人认为根本出路在于平等对话，但他并没有系统地阐述这个问题。从阿格尔对此问题的零散论述中，可以将之概括为要处理好语言的守正与创新之间的关系、处理好话语的平实与深奥之间的关系、处理好理论的介入与超然之间的关系这三个方面。

首先，处理好语言的守正与创新之间的关系。不管"激进的阐释"采用何种具体的形式，但它总离不开语言的介入。在阿格尔看来，一旦反对那种可以支配价值意义的"快速资本主义"秩序，各种反抗性的抵制就会发现自身处于不利地位。毫无疑问，"激进的阐释"必须借助一定的现有语言规范和必要术语来揭露"快速资本主义"的神秘性，并描述一种新的社会存在秩序来超越它。这就意味着"激进的阐释"既要利用语言的传统意义来厘清资本主义社会现实的骗局，又不能止步于现有的语言而不去创造必要的新术语。

阿格尔举例说，马克思解读货币的原因不在于他本人缺钱，而在于他反对资本主义中把价值加以编码进而加以再生产。同样的道理，"女权主义把色情描述解读为一种关于妇女在父权制下遭遇的语言符号，而那种语言符号存在把妇女的物化视为不可改变的社会存在危险"❶。阿格尔还认为，分为主语与谓语的语言模式，把等级制掩盖在似乎仅仅是差异的表象之下。这样一来，语言又起到了社会支配的作用。然后语言又弥散到物体中，而这些物体又向人们讲述并迫使人们体现它们的宿命符码。为了走出这种困局，人们就需要一种新的语言，借之体现和发展一种新的社会存在秩序。

"激进的阐释"必须揭露并批判在常规语言与学科语言中存在的神秘主义，以便把语言从平庸的社会束缚中解放出来。为了颠覆实证主义语言的欺骗性和压迫性，阿格尔主张"激进的阐释"还需要创造新术语，并借之描述现实从而反映一种新的社会存在秩序。我们可以从阿格尔接连创造诸如"快速资本主义"（fast capitalism）、"社会（存在）学"[socio（onto）logy]、"公共社会学"

---

❶ BEN AGGER.Fast Capitalism：A Critical Theory of Significance ［M］. Champaign：University of Illinois Press，1989：92.

（public sociology）等新词发现，虽然阿格尔清楚自己必须借助于语言来展开其所说的"激进的阐释"，但他不满足于简单运用实证主义语言来展开激进的阐释。这类似于恩格斯在为《资本论》第一卷英文版作序时所写的："一门科学提出的每一种新见解，都包含着这门科学的术语的革命。"❶ 因此，阿格尔主张"激进的阐释"用新的语言来替代实证主义语言，以便更好地将变革"快速资本主义"的语言武器锐化。

虽然阿格尔意识到语言的困境，但他认为这可以通过文雅而互惠的不断交谈的对话形式来对之加以克服。这就如同"解构"所指出的那样，尽管语言往往利用人们，但它也可以预示一种存在模式。"借助于思考、理性和想象，语言的结构化倾向可以被解构地制止。批判追溯了语言的压迫，以便颠覆这些压迫。"❷ 在此意义上，虽然新的语言会借助于语言的常规意义，但是它在这样做的时候会赋予语言新含义。"激进的阐释"借助于认识到语言本身就是一种行为，也颠覆了那种重复自我破坏性行为的限制性语言。既然意义不能存在于语言之外，那么人们就只能生活在把语言的预定语法加以结构化的意义系统中。不过，借助于让封闭的文本向解读开放，人们必然会改变其意义。

其次，处理好话语的平实与深奥之间的关系。一般说来，无论是理论还是写作，都应力求简明扼要、通俗易懂，避免繁杂拖沓、晦涩难懂。阿格尔当然清楚，个人言语不是通行而有效的语言。当沉溺于个人言语时，就加速了书籍文化的衰落。"对于宣称交往民主的人们，必须承认语言清晰的重要性。"❸ 但阿格尔也指出，面对这个十分深奥的世界，"激进的阐释"的文本在保持力所能及的平实基础上还应该坚持必要的深奥。

阿格尔认为，社会支配往往迫使"激进的阐释"放弃使用平实的话语。"激进的阐释"在此情境之下为了保持独立而承受话语模糊的风险。之所以如此，是因为不存在其他真正的替代方案，以免"激进的阐释"把自身归结为作为方法的主导性话语。这犹如法兰克福学派的批判理论，因该学派初期的思想

---

❶ ［德］马克思. 资本论（第1卷）［M］. 北京：人民出版社，1975：34.

❷ BEN AGGER. Fast Capitalism：A Critical Theory of Significance ［M］. Champaign：University of Illinois Press，1989：93.

❸ BEN AGGER. Fast Capitalism：A Critical Theory of Significance ［M］. Champaign：University of Illinois Press，1989：16.

家显示了欧洲哲学的高深知识和高雅文化，而造成它存在译解问题。虽然如此，但是阿格尔认为在大众化意义上译解批判理论，不会对真正了解批判理论有所帮助。"因为资本主义的社会管制抵制对其复杂性加以平实的理解，所以阿多诺没有用平实的语言去描述社会理论。因此，思想必须别致地、解构地努力去思考德国理性主义的范畴。"❶ 在阿格尔看来，《否定的辩证法》利用辩证想象的反讽反对常识。

实证主义学术界缺乏必要的简单性，以便把思考的注意力从理解它的复杂对象中转移出来。这就要求激进的解构工作，尤其是在作者的形象实际上已经从科学的文本中被抹除的情况下。"激进的阐释"不仅仅是解读和驳斥意识形态的书籍，还必须把货币、科学、高楼、数字解读为"快速资本主义"的真正"文本"。在物体成为书籍和书籍已不存在的时候，"激进的阐释"成为一件重要的工作。如同阿多诺因其解读了那些遮蔽了支配的话语而希望受到理解，阿格尔也希望因其解读了那些强迫出现顺从行为的文本和物体而受到理解。❷ 尽管如此，阿格尔也很清醒地认识到"快速资本主义"不欢迎"激进的阐释"，他的这种解读即使在美国学术界也几乎无人问津。

阿格尔略带悲观色彩地指出，作为写作的"激进的阐释"，不应该指望它被很多人接受，也不用追求它能被很多读者所理解。一旦写作过多地依赖于读者的感受，就只能是老生常谈。我们切不要以为阿格尔在这里主张一种学究的蒙昧主义，因为他只是思考了在一个被全面管制的社会中力图描述管制时的困境。"在此情景下，几乎每个人都存在如同他人屈从于同样命运的危险。同时，人们的思考在方法论上被掩盖得如此之深，以致它失去了辩驳的能力。"❸ 如此一来，写作的庇护所也就只能在别处寻找。"激进的阐释"的观念，可以让写作激进地探讨对思考的反映。在阿格尔那里，受大众欢迎既不是真理的严格标准，也不是意识的严格标准。

❶ BEN AGGER.Fast Capitalism: A Critical Theory of Significance [M]. Champaign: University of Illinois Press, 1989: 95.

❷ BEN AGGER.Fast Capitalism: A Critical Theory of Significance [M]. Champaign: University of Illinois Press, 1989: 95.

❸ BEN AGGER.Fast Capitalism: A Critical Theory of Significance [M]. Champaign: University of Illinois Press, 1989: 95.

阿格尔强调，在深奥抵制了社会平庸的时候，它就起到了教育和解放的作用。有些批评者指责批判理论的写作深奥，从而显示知识分子对社会大众加以普遍贬斥，阿格尔对此持否定看法。在实现自身的民主政治责任时，"激进的阐释"尽可能直接地让自己保持独立，以免让思想过度物质性地纠缠着人们，甚至颠覆人们借之表达不满而提出其他生活安排的语言。

最后，处理好理论的介入与超然之间的关系。虽然"激进的阐释"务必与那种几乎吞噬了所有事物的"快速资本主义"保持必要距离，但"批判理论不完全需要抽象，而只需让思考突破对那些常常制造了第二自然现存概念的依赖"❶。阿格尔认为这不是伪装为战略上权宜之计的矫揉造作，因为尽管在阿多诺从像勋伯格的作曲及贝克特的文学现代主义的一些最不寻常声音中引申出一种政治反抗模式时经常遭受指责，但是"阿多诺正确地认识到批判只能在距离总体化中心最远处才能存在，否则它就被管制的支配性逻辑所吞噬，而这种支配性逻辑表现为普罗米修斯主体对桀骜不驯客体的操纵模式"❷。

阿格尔相信，与社会支配目标保持距离，既不是一种抽象，也不是一种逃避。资本主义社会不但容纳而且鼓励那种非批判性后现代主义的无深度表达，视之为一种针对深刻抵制及未满足欲望的安全阀。那种声称无根基性可以阻止支撑错误基础的基础主义文本，只能把它们自身加以边缘化后像噪音一样被吸收为无意义的短暂性废话。超然不同于这种自我琐细化的抽象，因为它借助于自身的独立而起作用，以便既理解它为何与世界的中心相距这么遥远，也理解它何以能改造那个中心。在此意义上，超然赢得了时间并鼓励真实的反映，而这两者在充满了即时性和花样翻新的"快速资本主义"时代具有稀缺性。

阿格尔希望拉大批判理论与其批判对象之间的距离，以提出一种更好的反对及建构模式。阿格尔绝不是把重点从民主政治转向批判理论，宛如后者已经充分地包含了前者，而是承认这二者相互包含。这是关于几乎全面管制社会的一个主要论题。不管人们称呼理论的批判对象是意识形态和霸权还是物化，理

---

❶ BEN AGGER.Fast Capitalism：A Critical Theory of Significance ［M］. Champaign：University of Illinois Press，1989：28.

❷ BEN AGGER.Fast Capitalism：A Critical Theory of Significance ［M］. Champaign：University of Illinois Press，1989：34.

论作为一个"文本"都要介入到其对象中，使之成为其探讨的主题。理论的写作是一种文本实践，而这种实践又是一种"文本"。在阿格尔看来，对左派而言，存在的关键挑战，是构想一个完全不同于当下资本主义的社会主义社会。这不但要理解人们为何对资本主义不感兴趣，而且要动员他们反对常规化的生活方式，努力实现一种不同于当前秩序的社会制度。

阿格尔还强调作为解放哲学的批判理论，必须被不断地反思自身以避免成为人们的理论障碍，从而警惕自身的批判作用退化为自鸣得意。阿格尔不但批评一些人借助于把批判理论的微观领域变成一个惰性的物质世界，进而冒着把批判理论作为标尺加以迷恋的危险，致使批判理论的振兴过程变成科学主义的过程，而且批评大多数批判者都在无思考地套用诸如矛盾、资本、剩余价值之类的词语。在阿格尔看来，一旦批判理论不再发挥其应有的批判作用，它就存在丧失思考力的危险。

第三节　改写各种社会文本

阿格尔借助于其所说的"激进的阐释"，在解构"快速资本主义"的同时，也力图实现对之加以重构。概括地说，这一同时兼具解构和建构的复杂工程，在阿格尔那里主要涵盖曝光社会惩戒、暴露精英隐语、形而上学的建构三个方面。需要指出的是，无论是曝光社会惩戒，还是暴露精英隐语和形而上学的建构，它们不但是对资本主义社会文本的重写，也是对资本主义民主政治的重建。

一、曝光社会惩戒

曝光其社会惩戒，是变革"快速资本主义"的基本前提。通过对阿多诺否定辩证法思想、福柯的社会规训思想、哈贝马斯的社会交往理论的借鉴与整合，阿格尔的社会批判模铸了一种对所有惩戒（disciplining）的批判。阿格尔利用其所说的"激进的阐释"，既把"快速资本主义"的社会惩戒解读为一种关涉意义贬黜的政治，也把那些似乎只是自然般存在的事物加以政治化，从而让"快速资本主义"的社会惩戒自曝其丑。

阿格尔认为，人们需要把社会自然解读为一种隐蔽在实证主义文化中、物化的刻意而为之物。作为实证主义学科的社会学，之所以引起阿格尔的注意，只是因为在阿格尔看来它体现了一种玷污了历史想象力的普遍性事实拜物教。诸如家庭、制度、角色、分层此类的社会学指称，一旦把社会压迫视为一般性的社会自然存在，就吞噬了它们最初想描述的现实。反过来，"实证主义文本又再生成了具有偶然性的家庭、制度、角色和分层，从而导致社会学所命名的这些术语被视为在社会力量的进程中不可改变的特征。社会学正是通过把它们复制到页面上而这样做的，讽刺性地借助于解读社会自然之外的家庭而证实自身"❶。因此，当名称弥散到社会中，作为预定物而破坏人们的建构性工作时，就需要赋予这些物体新名称。

美国主流社会学在阿格尔那里之所以被高度重视，只是因为它可以帮助他提出一种学科的和科学的"激进的阐释"。阿格尔从学术界让名称成为学科发展实质的角度解读了社会学，指出它是为文本被迫等同于它所揭示的世界而进行的辩护。尤其需要注意的是，阿格尔把社会学解读为一种掩盖了自身政治议程典型的实证主义，曝光这些议程被书写为无假设的再现。这样一来，"激进的阐释"把文本中实现的惩戒解读为对无权的阅读者的惩戒，从而希望把阅读者转变成书写者。"社会支配既不能被简单地归结为一种体制、国家或者阴谋，也不能被简单地归结为一些人所说的统治性结构。尽管惩戒的本质在今天是常见的，但是惩戒是按照理性管制的原则而加以局部地实现。"❷ 既然无权是异质性的，那就需要用不同的精神和文本性对之加以"去惩戒性"（dedisciplining）的解读。

一旦激进的阐释者拒绝诸如生产主导再生产、资本主导劳动、文本主导评论此类的西方社会主导性价值法则，这种拒绝本身就是一种政治行为。如同马

❶ BEN AGGER.Fast Capitalism: A Critical Theory of Significance［M］. Champaign: University of Illinois Press, 1989: 85.

❷ BEN AGGER.Fast Capitalism: A Critical Theory of Significance［M］. Champaign: University of Illinois Press, 1989: 86.

克思所指出的，阿格尔也把价值视为政治的真正战场。在阿格尔看来，使用价值转化为交换价值就是"快速资本主义"中文本性弥散的一个最佳案例。"因为马克思主义批判了使用价值的意义在货币经济中的被贬黜方式，所以它探讨的不是要废除货币本身，而是那种被掩盖在使用价值转化为交换价值过程中的社会关系。"● 阿格尔认为马克思支持货币的使用性，而反对把这种使用性弥散到它的货币再现中，尤其反对那些弥散让一部分人富裕而让另一部分人贫穷。

货币在资本主义社会编码了首先使之出现的等级制社会关系。借助于在此意义上而掩盖自身的文本性，货币直接被接受为一种正当的价值标准，从而在货币化实践中被加以再生产。一旦解读作为一种文本而掩盖了自身具有历史性的文本性，货币就数学化了社会支配。借鉴马克思在《资本论》中解读货币的做法，阿格尔把那些可能由货币所诱发的阅读加以解读，从而把它改写为一个关于更具一般性压迫的例子。"快速资本主义"社会里的人们遭受文本压迫，而忘记了如何阅读。● 如果说马克思在解读货币时明确地挑战了英国政治经济学对货币所提出的类自然解释，那么阿格尔在解读实证主义文化时挑战了像社会学这样社会科学的数学化解释。

尽管阿格尔对惩戒的解读不比马克思对货币的解读更具实质性，但他力图把马克思的专门性解读加以一般化。对阿格尔来说，马克思对货币的解读是马克思对那种持久性批判理论的最具实质性的贡献。阿格尔承认，如果马克思没有把货币解读为一种弥散的从而是自我繁殖的文本，那么他自己就不可能认为写作无法被解读。阿格尔把自己的解释称为马克思主义的；同样，他也把自己视为一个女权主义者，因为他的版本预设了用女权主义把文本性解读为一种关于性别的文本。

阿格尔把马克思的政治学解读为呼吁让使用价值重新主导其货币转化，指出货币是资本主义中最基本的支配形式，从而暗示了在经济体系、政治、私密性领域中的所有制度变革。在把货币解读为它所再现和繁殖的世界时，阿格尔

● BEN AGGER.Fast Capitalism: A Critical Theory of Significance [M]. Champaign: University of Illinois Press, 1989: 89.

● BEN AGGER.Fast Capitalism: A Critical Theory of Significance [M]. Champaign: University of Illinois Press, 1989: 89.

简化了它的拜物教特征。他以此方式解读科学，揭示由它所掩盖进而诱发的世界。在他看来，当文本在"快速资本主义"中成为物体的时候，其意义就丧失了。"激进的阐释"要将之加以恢复本原，"把语言符号追溯到今天能表示意义的物体"❶。由此可见，"批判"在揭示被强迫成为物的被掩盖文本时，其所作出的解释塑造了一个不同的世界。如同马克思通过拒绝资产阶级政治经济学对货币的非符号理解，指出了一个货币的虚假等价符号不再统治人们行为的社会，阿格尔在拒绝实证主义世界时，也指出了一个意义不再被销蚀为物体的社会。

借助于把那种压制了理论与思考的惩戒加以描述，"激进的阐释"含蓄地在进行理论化，从而暗示了依照很多交谈者所遵守的交谈伦理可以建立一个更好的世界。"激进的阐释"借助于描述那些弥散的文本，既开启其他版本的可能性，也拒绝把一种固定版本加以典范化。也就是说，"激进的阐释"不仅重新审视社会自然，"使之向可能的改写开放，而且排斥这些改写在一个认识论的或伦理的领域中作假，从而揭露了惩戒性一言堂是以其所偏好的方式来进行的，进而喜欢把批判视为一种人之所以是人人的政治方式"❷。阿格尔表示，一旦创作（authorization）有目的地激发其本身直接就是一种共同体形式的其他版本，一般意义上的批判和建构就会融为一体。

尽管"快速资本主义"为了把书写者的权威加以垄断化而掩盖了"文本"的作者身份，但是不良"文本"自身也包含了其被改写的可能性。❸"激进的阐释"不但通过让以前只是作为符号的作者现身，而锐利地把神秘之物去神秘化，而且把文雅地激发出其他版本，视为把互文性安置在读写交互性的生动共同体之中。这样一来，人们能够相信那些封闭的版本是可以被公开的，并让它成为对话的一部分。换而言之，"激进的阐释"积极地反对那种把自己掩盖在社会自然表象之下的诸多版本，同时也以对话的方式挑战把自身加以掩盖的话

❶ BEN AGGER.Fast Capitalism: A Critical Theory of Significance［M］. Champaign: University of Illinois Press，1989：90.

❷ BEN AGGER.Fast Capitalism: A Critical Theory of Significance［M］. Champaign: University of Illinois Press，1989：86.

❸ BEN AGGER.Fast Capitalism: A Critical Theory of Significance［M］. Champaign: University of Illinois Press，1989：87.

语。人们会发现，阿格尔所说的"激进的阐释"虽然憎恨压迫，但是热爱压迫者，也主张博爱。

阿格尔不但认为这种基于文本性的"激进的阐释"具有民主政治意蕴，而且认为这种民主政治意蕴相对而言还是较为充分的。"如果在以前常常未曾发现政治的地方，尤其是在那些弥散入自然而进行自我繁殖的符号和符码中发现了政治，并把它们加以解读就是充分的政治。"❶虽然实证主义的文化把政治的价值转化为实际的社会存在，但人们仍然可以在"物体本身"而不是在抽象的形而上学的著作中发现它们。借助于"激进的阐释"，人们既会明白实证主义恰恰取代了思辨性的形而上学建构，消解了文本与世界之间所应该保持的一定距离，也会明白实证主义消解了乌托邦，并贬斥其不可能被感知、度量、操纵，还会明白实证主义方法在取代传统的形而上学时却成为新的形而上学。"激进的阐释"把那些掩盖在科学主义对既定世界解释之下的形而上学，解读为一种可以被反对的版本，然后以指出实证主义科学不等同于其所描述的世界。

二、暴露精英隐语

反对各种精英主义、主张民粹主义，始终是阿格尔基于西方马克思主义传统的学术思想的重要内容和主要特点。❷在其思考变革"快速资本主义"的具体路径时，阿格尔希望通过赋权社会大众读写能力、改写社会文本等举措，来根治"快速资本主义"里的诸多文本大多由资产阶级精英进行实证主义写作而造成压迫无权者、隐蔽作者身份、掩盖写作本意等弊病。

精英主义者的写作，往往使用的是精英隐语（elite argots）❸。阿格尔强烈主张，这些精英隐语不仅必须向局外人公开，也必须以承认它们自身读写上的可

---

❶ BEN AGGER.Fast Capitalism: A Critical Theory of Significance［M］. Champaign: University of Illinois Press, 1989: 87.

❷ BEN AGGER.A Critical Theory of Public Life: Knowledge, Discourse and Politics in an Age of Decline ［M］.London/ Philadelphia: Falmer Press, 1991: 11.

❸ BEN AGGER.Fast Capitalism: A Critical Theory of Significance［M］. Champaign: University of Illinois Press, 1989: 82.阿格尔这里所说的"精英隐语"，是指精英主义者写作时所使用的一般人难以理解的语言。

矫正性，进而征求文雅矫正的方式，并对之加以改写。因此，仅仅了解管制的实证主义语言是不够的，还要把这些语言加以反思性的改写，以便坦然自若的叙事能够克制对自然与他人加以支配的企图。无论如何，"激进的阐释"不能仅仅是削弱文本的精英垄断而接受其实证主义意图，更不能丧失自己的独立思考。虽然实证主义倾向于把自身弥散到社会自然中，但是实证主义的符码可以被改写，而不仅仅是被民主地理解和利用。

鉴于"快速资本主义"的社会支配不仅抵制自身的作者化（authorization），也抵制其他版本，阿格尔希望对"快速资本主义"的文本作者实行公开化。这不仅要求浮出水面的作者把对话机会让与其他版本，还要让其他不同版本挑战其版本的本体论世界。"在独白占据统治地位时，文本对话就受到压制。"❶ 因为实证主义不会把科学让与抵制对凝固社会自然加以实证主义解释的其他版本，所以作者化的目的，不是改变那些从社会支配的永恒性中获利并将之加以固化的人们的信仰，而是要把人们自身以前被阻塞的创作可能性加以重新展示。阿格尔认为自己和马尔库塞所主张的"新科技"，就预示了一种良好的政治共同体。"新科技"把文本开放于对自身的矫正，这是以另一种方式暗示了哈贝马斯所提出的作为社会主义政治方法论的交往伦理。

"激进的阐释"就是"把意识提升到它可以认识到自己与吞噬了自己的世界不是同一层面，从而让那些假定不同的非再现性版本的人们在一个权力及劝诱的骚乱中可以预示一个更好的社会"❷。也就是说，解读既要激进化，也必须保留被重建为新共同体的可能性。如同齐格蒙特·鲍曼（Zygmunt Bauman）等人，阿格尔也认为实证主义不会自我颠覆，建筑环境也不会因解构的批判而突然灰飞烟灭。人们必须改变自己的生活方式和对它的探讨方式，这是任何希望实现权力转换及其再分配的民主政治运动议程必经的道路。否则，一个被塑造的世界会一切照旧。虽然文本性政治必须让自身向外发展，以重塑整个物质世界，但是文本性只是这个重塑后世界的一部分，尽管是很重要的一部分。

❶ BEN AGGER.Fast Capitalism：A Critical Theory of Significance［M］. Champaign：University of Illinois Press，1989：83.

❷ BEN AGGER.Fast Capitalism：A Critical Theory of Significance［M］. Champaign：University of Illinois Press，1989：83.

  "激进的阐释"不仅暗示和体现了各种公共领域与私人领域中的生活转型，也揭示了弥散的文本性所涉及的除了对理解力的、思维能力的及所谓上层建筑的支配以外的诸多支配。阿格尔指出，在民主政治版本的解构与阿多诺支持下的批判理论，都拒绝那种轴心式简约的单一支配性叙事。这种叙事用文本来取代劳动，将文本作为一般性人类活动进而是支配的原型。"激进的阐释"在把自身去中心化的时候，牢记支配与解放的文本分析原则。这是因为文字游戏几乎让所有的分析性工作都是无效的，从而几乎不可避免地会赞同德里达的相对主义。"相对主义之所以如此地接近于名义的世界，是因为它担心会成为无害的建构，从而是无关紧要的，以至于拒绝思考新的实践。"❶"激进的阐释"让作者出现在非叙事的文本中以改写这些文本，进而召唤其他可能的版本作者在审视自己的改写时质疑自我。

  如果反对文本的贬黜，就必须采取放慢指意过程的时间形式，以便阻止名称与标签的繁殖，使其不再仅仅意味着消解为它们自身的差异性。其实，"激进的阐释"的动机与其说是将之变成科学，不如说是从相互具有启发性和相互尊重的版本中塑造共同体，从而拒绝作为一种自负的确定性。阿格尔不是说人们必须要抛弃严谨性，尤其是如果严谨的对立面是人文主义的主观而模糊的方法。这对于很多把抽象回避为男性计划的妇女研究来说是一个问题。"反对实证主义不必然要抛弃所有的符号语言，尤其是人们可以把数学重新塑造为一种文学，从而利用它理解快速资本主义管制的数学化力量是如何把人们都变成数字的。"❷这就要求那些遭受物质与意识的机械论版本支配的人们，必须对本身就是一种强大的政治力量的"激进的阐释"加以重新评价。

  "激进的阐释"把文本活动加以放慢和重塑，使之成为一种政治抵制和重新表述的模式。文本性在它作为物质而强迫发生其特定形式的形而上学可能性的行为时，它实质性地干预了历史。在"快速资本主义"中，这种诱发过程既在资本强制力的支配下得以加速，也在写作与其所揭示的世界不再保持距离从

---

❶ 尽管阿格尔对"快速资本主义"的批判暗示了这些主要趋势，但是他没有把这种批判彻底地应用到局部环境中。他后来也承认自己对文本弥散的分析在那里是不够充分的。

❷ BEN AGGER.Fast Capitalism：A Critical Theory of Significance［M］．Champaign：University of Illinois Press，1989：82.

而很难被解读、批评的时候采取了非话语的形式。"快速资本主义"的政治领域较之过去变得既更大，又更小。"说其变得更小，是因为在公共辩论领域中所发生的一切似乎都不是很重要；说其变得更大，是因为政治把自身弥散到物体中，而这些物体诱发了它们的自我解读及随之的繁殖。"❶

阿格尔在反对精英书写实证主义文本的同时，也警告身处"快速资本主义"社会里的马克思主义者等左翼人士同样必须提防自身的精英化倾向。尤其是马克思主义者，必须避免被诸如剩余价值、资本的有机构成、物化、全面管制、理想交谈、快速资本主义、弥散的文本性、作者化此类的马克思主义术语所吞噬。一旦这些术语不再发挥任何分析的进而政治的功用，这一重大的缺陷就只能通过自我批评来克服。阿格尔担心批评在利用概念去实现中介与否定的时候，稍有疏忽就会退化为不当的肯定，甚至是错误的辩护。在他看来，辩证唯物主义的反讽就在于人们必须利用概念去理解这些概念是如何被贬黜为物体的，从而吞噬了人们对它们加以批评的努力。"激进的阐释"必须抵制自身去作者化（deauthourization）地沦为取代思想的无用概念。在此意义上，批判理论不是一整套被动接受的真理，而是一种读写战略。

总的来说，"西方文明的问题在于写作仍然是一种精英行为，从而导致把社会建构能力局限在可以勾画蓝图、写作诗歌、工于数学等极小范围内"❷。但是，这只是人们能力类型的一小部分，根本无须也不应该如此延续下去。阿格尔为此支持弗莱雷的受压迫者教育学，赞同通过教育而让受压迫者具有读写能力这一政治解放工具。弗莱雷的受压迫者教育学启发了一门关涉专业知识的教育学，它可以让人们能够理解，并最好是改写以前在计划、职业及科学中精英化的深奥语言。阿格尔对"快速资本主义"的激进阐释，就是既要把关涉作者本意的文本加以追根溯源，也要把这些文本的作者公开于由平等对话者所构成的对话共同体。"在那里，物体不再是一言堂的或独白的生成过程。"❸同时，

---

❶ BEN AGGER.Fast Capitalism：A Critical Theory of Significance［M］. Champaign：University of Illinois Press，1989：85.

❷ BEN AGGER.Fast Capitalism：A Critical Theory of Significance［M］. Champaign：University of Illinois Press，1989：82.

❸ BEN AGGER.Fast Capitalism：A Critical Theory of Significance［M］. Champaign：University of Illinois Press，1989：90.

借助于反对意义的销蚀，阿格尔让意义向一个由写作者所构成的共同体开放。

三、形而上学的建构

毫无疑问，曝光社会惩戒和暴露精英隐语，是变革"快速资本主义"的重要举措，但不能仅仅局限于此。在此基础上，阿格尔还提出了重在超越"快速资本主义"的形而上学的建构。

通过发现那些编码在被弥散于文本之中的"快速资本主义"政治，人们可以拥有一种更好的民主政治。实证主义在时间上把理论和实践加以割裂，以便无限期地拖延理论的实践。同时，科学拜物教也妨碍了人们对善的更深入思辨。迷恋在快速资本主义中成为文本，这尤其是指那种在人文研究中取代了思辨性建构的数学。借助于好像根本不表示什么而贬斥了它的其他版本，符号就是最终弥散到感性世界之中的意义。阿格尔认为除了用形而上学来取代数学以外，很少有其他更有效的民主政治策略，尤其是在可以把数学解读为一种隐蔽的形而上学的情况下。

阿格尔借助于把"批判"追溯到古希腊的辩证法，尤其是柏拉图的哲学思想，思考了对话与善在形而上学地建构方面的重要意义。虽然阿格尔没有完全假定一个比纯粹再现更好的形而上学，但形而上学地建构在他眼里本身就是好的。这是因为它无法回避对其自我矫正的呼唤，进而加入共同体。阿格尔说："柏拉图所说的善贬斥了那些不是最好的版本，甚至柏拉图会认为这些版本是不充分的而拒绝它们，但是他至少让我们可以进行交谈，从而在相互包容的版本——其实，相互需要成为互惠的听众——的互动中实现社会主义。" [1] 在阿格尔看来，辩证法对柏拉图来说就是对话；古希腊人所说的真理，是真理将要完成的时间和要解决的问题，而不仅仅是真理的目标。阿格尔也指出，具有讽刺意味的是，柏拉图在《理想国》中所勾画的美好生活是把社会支配加以永恒化的最初表现形式，与柏拉图所暗示的美好生活就是人们在一起花费时间对之加以讨论，颇有抵牾之处。尽管如此，阿格尔还是相信马克思主义版本的柏拉

---

[1]　BEN AGGER.Fast Capitalism：A Critical Theory of Significance［M］. Champaign：University of Illinois Press，1989：87.

图会利用柏拉图本人的辩证法，尤其是他的理论与实践的同步性去颠覆《理想国》中的柏拉图。

阿格尔这里的思想旨趣不是去反对柏拉图，而是强调古希腊的形而上学至少预示了一种辩证想象力的知识建构。这种知识建构抵制实证主义的文化贬黜，反对后者事实上把非科学打发为废话。正是因为实证主义写作的分量，几乎占绝对优势，而导致"批判"在"快速资本主义"里还没有出现柏拉图所说的那种理想的知识建构的欢愉。实证主义对构成性形而上学的蔑视，是存在严重问题的。阿格尔呼吁扭转这种文本性的实证主义指向，以便崇尚思想可以自由地思考一个不同于当下的美好世界。对那些希望开展对话的人们而言，这就意味着可以直接生活在理想国中。❶根除"快速资本主义"的社会宿命论，这本身就是一种民主政治议程。

"快速资本主义"用本身被规划为技术的实证主义再现，来取代知识的建构。被认为反映世界的所谓真实写照，其自身也成为一种世界，从而塑造了那种被假定为只是记录现象的行为。对康德等人来说，所谓的批判，就是要追问所有知识和历史的可能性，而今天的批判则被归结为一般性的评论和文本解释，成为了一种狭隘的解释性叙述。甚至"解构"也成为方法论。把解读诋毁为衍生物和寄生物，反映了对再生产的全面支配。这并不意味着人们可以突然赋予"激进的阐释"以权力，而宛如"批判"的遭贬没有发生一样。按照德里达的方式，写作是边缘的、警句式的、愉悦的。❷成为"激进的阐释"，在揭示它的边缘性时坚持它的中心性——在这一形成过程中，再生产极力成为生产，而不仅仅是生产的支撑物。

一旦所有的解读都是真诚的写作，阐释就是一种较好的生活方式。类似于德里达的解构主义，阿格尔所说的"批判"有助于人们对解读行为进行与众不同的思考，把传统意义上在作者的建构与从属性的解读之间的实证主义等级制关系加以消除。在它把那些没有被视为故事的叙事版本加以揭示的时候，"激

❶ BEN AGGER.Fast Capitalism: A Critical Theory of Significance [M]. Champaign: University of Illinois Press, 1989: 88.

❷ BEN AGGER.Fast Capitalism: A Critical Theory of Significance [M]. Champaign: University of Illinois Press, 1989: 89.

进的阐释"就是一种思想建构。世界的文本性是政治的，因为世界被视为人类可能性的无法超越的地平线而呈现在人们眼前。借助于坚持世界的文本性，激进的解读提供了新的版本。"激进的阐释"拒绝将自身屈从于既定之物的压力，对之提出不同的解释。在文本性迫使人们在形而上学问题的世俗性中固守时，存在主义一直在教导人们进行反抗。❶ 阿格尔强调，"激进的阐释"的历史性不应在方法的辅助下变得平淡乏味，而应被庆贺为创造新历史的契机。

　　总之，阿格尔希望借助于"激进的阐释"把"快速资本主义"的各种意识形态化的社会文本加以改写，揭露它们的骗局，进而改造"快速资本主义"。随后，阿格尔还构想了超越"快速资本主义"的美好未来。阿格尔认为，无论美好未来的名称是社会主义，还是理想的交谈情境，都需要能够平衡不同意见的平等对话。

❶　BEN AGGER.Fast Capitalism：A Critical Theory of Significance［M］. Champaign：University of Illinois Press，1989：88.

第五章　超越"快速资本主义"

阿格尔在利用作为"激进的阐释"的"批判"激进地解构了"快速资本主义"之后，又对超越"快速资本主义"的社会主义进行了思考。阿格尔构想的社会主义社会，体现了"社会正义以及人与自然和谐的关系"❶。令人感到遗憾的是，尽管阿格尔讨论了马克思的社会主义思想、马克思主义的社会主义指向、苏联的社会主义实践、哈贝马斯等人的对话思想，极力要构建"批判的共同体"（Critique'Community），但他却没有系统地阐述这种共同体。❷用阿格尔自己的话说就是，除了粗线条的简单勾勒外，没有"提出更具体的计划"❸。不过，从阿格尔对"批判的共同体"的理解以及对社会主义的构想来看，我们倒是可以发现他三令五申地强调平等对话之于社会主义的重要性。在一定的意义上，阿格尔从文化视角所构想的那种超越"快速资本主义"的社会主义，也可以被称为"平等对话的共同体"。

第一节　社会主义的对话性

纵观阿格尔的整个学术生涯，我们可以发现阿格尔始终积极思考马克思主义的前途和社会主义的命运。侧重于从对话的文化视角来思考社会主义，可以说是阿格尔中期学术思想的一个突出特点。这既不同于其早期侧重于从生态危机的角度来思考社会主义，也不同于其晚期侧重于从现代性的角度来思考社

❶ BEN AGGER.Cultural Studies as Critical Theory［M］.London/Philadelphia：Falmer Press，1992：144.

❷ BEN AGGER.Fast Capitalism：A Critical Theory of Significance［M］.Champaign：University of Illinois Press，1989：133.

❸ BEN AGGER.Fast Capitalism：A Critical Theory of Significance［M］.Champaign：University of Illinois Press，1989：136.

会主义。在《社会（存在）学：学科解读》（1989c）中，阿格尔从文化的角度明确指出，社会主义可以被视为一本书，将互文性的多重声音欢呼为民主的实质所在。❶ 因此，良好的解读创造了一个和平的共同体，书写者在那里认识到他们与那些对其作品感兴趣的其他解读者息息相关。对真理的非实证主义的讨论，有助于通往哈贝马斯所说的理想交谈情境，或者是马克思所说的社会主义。❷ 可见，阿格尔此时已经十分注重平等对话之于社会主义的重要意义。随着对该问题的深入思考，阿格尔又发现平等对话不能仅仅局限于对文本的解读与书写上，还应该在内容和形式上有所拓展。这主要表现为他在《关于公共生活的批判理论：衰落时代的知识、话语和政治》（1991）中，通过重建布鲁斯·阿克曼（Bruce Ackerman）、哈贝马斯等人对话思想而就平等对话作了更为详尽而系统的阐述。这里先论述阿格尔关于平等对话之于社会主义重要意义的理论思考，随后一节再着重论述阿格尔如何出于平等对话之于其所构想的社会主义的重要性而重构"对话"概念。

一、社会主义中新型读写关系的实现需要平等对话

阿格尔在解构"快速资本主义"时已经指出，实证主义文化往往把作者本意加以掩盖并压制解读者，从而造成书写者和解读者之间的不平等。阿格尔说："快速资本主义击碎了共同体，再造了围绕着关涉货币、科学、高楼及数字的文化文本的虚假共同体。"❸ 虽然阿格尔并没有明说"快速资本主义"所击碎的是何种共同体，但我们至少可以从这句话中发现阿格尔确实抓住了当代资本主义社会的一个重要事实。这个重要事实就是"快速资本主义"所塑造的那个共同体，肯定是体现了对当代资本主义批判者来说承载了资产阶级意识形态的虚假共同体。在这个虚假共同体中，无论是作为资本主义批判者的文本书

---

❶ BEN AGGER.Socio（onto）logy：A Disciplinary Reading［M］.Champaign：University of Illinois Press，1989：9.

❷ BEN AGGER.Socio（onto）logy：A Disciplinary Reading［M］.Champaign：University of Illinois Press，1989：2.

❸ BEN AGGER.Fast Capitalism：A Critical Theory of Significance［M］. Champaign：University of Illinois Press，1989：143.

写者，还是作为资本主义批判者的文本解读者，都不可能进行自由的解读与书写。

为了走出这个虚假共同体，阿格尔主张通过其所说的"批判"，实际上是借助于从事资本主义批判的读写者，共同来构建新型的读写关系。阿格尔写道："批判希望加入共同体，在现实中塑造理想的解读者。在这种共同体中，对话的机会和能力都是被民主分配的。"❶这些"理想的解读者"可以把"快速资本主义"转换为言语描述，从而对"快速资本主义"加以别样的理解。换言之，一旦把"快速资本主义"解读为一种叙事，就能对它进行别样的思考与对话。这样的话，强制性的屈从只是一种具有偶然性的文本，而不是其可以表现的所有形式。"批判的共同体"虽然不是一种文本，但应包括作为其自我意识的一种因素的文本性。在"批判的共同体"中，"建构性的批判将存在于任何可以把自身与物体保持距离的写作中，它可以起到中介和思考的作用而不用担心被吞噬；批判无须进行外在的应用"❷。

如前文所述，阿格尔认为，只有在实证主义方法先发制人地压制了对货币、科学、高楼、数字的批判性描述这一政治行为时，"解构"才是有用的。也就是说，如果"解构"的计划只是为了显示以前仅仅表现为数字与符号的作者，那么，在新型读写关系中，一旦人们已经清楚地知道文本与物体之间的差异，"解构"就是不必要的。不过，新型读写关系中的每一种读写，都会承认和欢迎在阅读和写作上的可矫正性，从而把这种可矫正性视为一种征求其他版本，进而加入共同体的方式。❸阿格尔这里不是说美学的解释在新法则下将是一种不正当的自我表现模式，而只是说它将是一种自我表现工作，而不再是有限的评注。

只要人们如同德里达那样理解了解读也是写作，解释就是有用的。阿格尔认为，文本与评论之间的等级制只是对资本主义其他社会等级制的反映，从而

❶ BEN AGGER.Fast Capitalism：A Critical Theory of Significance［M］. Champaign：University of Illinois Press，1989：77.

❷ BEN AGGER.Fast Capitalism：A Critical Theory of Significance［M］. Champaign：University of Illinois Press，1989：106.

❸ BEN AGGER.Fast Capitalism：A Critical Theory of Significance［M］. Champaign：University of Illinois Press，1989：107.

导致很少有人怀疑一些活动比另一些活动更有价值。在这种等级制被新型的读写关系历史地克服的时候，解释就可以自由地玩味它在文本、艺术、音乐和戏剧中所发现的指意。但是阿格尔也提醒人们，不能把那种批判性解释与评价模式扩展到所有地方，因为只有让文本与物体之间保持充分的距离，人们才能对创作技巧加以准确的解读。解释的方法论化，非政治地假定了凡物皆为文本，但文本事实上是指意的历史性过程与结果。人们让意义返回到书籍，把它从将其意义隐蔽地强加于人们的物体中取出，人们又可以重新获得文本解释的欢乐。❶ 此时，解释只不过是建立了一种批判的社会理论，揭示了意义在"快速资本主义"中的贬黜。

平等对话不仅可以保证文本的本真意义，还可以通过新型的读写关系促进人的解放与全面发展。"各种解放既存在个性，也存在共性。各种解放在为自身争取权利的时候，也欢迎其他的交谈者。"❷ 历史地看，人们越是因为缺乏交谈而互不了解，对问题的异议越是被边缘化为疯狂的愤怒。人之所以为人，就意味着人们在差异中也可以实现相似的体验。这如同哈贝马斯所暗示的，不仅每一种交谈行为都倾向于达成共识，而且每一种意见都可能会改变一种事态，因为交谈在那里是一种获得互惠的友好行为。阿格尔坚信，当马克思指出人们可以用餐完毕后坐在饭桌旁进行批判时，马克思是有所指的。那就是马克思构想了他自己版本的社会主义，希望身处其中的每一个人都可以成为批判者。在指出哈贝马斯也希望每一个人都是批判者的基础上，阿格尔所补充的看法是，"批判"可以采取多种修辞方式。"最具有政治意义的形式，往往最不表现为公开的政治形式，尤其是在把政治仅仅理解为人们集合的另一种形式的时候。这样一来，在人们开始从事文本写作时无须说自己在进行未受扭曲的和不受约束的交谈。"❸ 借助于让文本写作作为战斗性言语的功效经受住考验，关于未来的构想就变成了现实。

---

❶ BEN AGGER.Fast Capitalism：A Critical Theory of Significance［M］. Champaign：University of Illinois Press，1989：108.

❷ BEN AGGER.Fast Capitalism：A Critical Theory of Significance［M］. Champaign：University of Illinois Press，1989：106.

❸ BEN AGGER.Fast Capitalism：A Critical Theory of Significance［M］. Champaign：University of Illinois Press，1989：106.

二、社会主义中共识的达成和真理的生成也需要平等对话

生活在北美资本主义社会的阿格尔，之所以从平等对话的视角来构想社会主义，也因为他希望借助于平等对话避免对文本的迷恋，从而达成共识、生成真理。在阿格尔看来，马克思主义者不能抛弃绝对之物，因为很多人已经发现了相对主义是所有世界观中最绝对的一种。尽管如此，也不能因为相对主义是虚假意识，就认为其他的绝对事物对马克思主义而言就都是有用的，除非"绝对"这一概念是一种读写实践。

虽然人们利用词语来描述其自身与世界，但他们在针对这些词语的意义进行争论时所完成的事情不仅仅是要找到真理本身。在阿格尔看来，其实人们无法找到固定的真理，因为对诸多原因而言没有一种固定的解释。这不是否认人们要建立一种对话的共同体组织，以便人们在那里可以培育和精炼与他们不同的意见。"对话的共同体，构成于相互竞争的版本。这些不同版本在遵守文雅交谈原则下相互矫正，从而预示了一个新社会。在新社会里，遵守文雅交谈原则成为普遍现象。"❶这样，成为一个马克思主义者、左翼女权主义者、批判性后现代主义者，就意味着这个人要倾听对世界与理论的不同解释。其方式是要保持自我版本的应有谦卑，借鉴其他版本。借助于理解各种读写的可矫正性，平等对话，拒绝盲目崇拜各种绝对的版本，从而保护了真理。

阿格尔建议最好把真理安置在平等交谈者的理想交谈情境中，拒绝真理被任何人所垄断。真理的相对性不是意味着无法利用各种交谈活动而达成共识，而是意味着仅有真理还无法变革世界。虽然如此，但是如果不努力地通过平等对话生成真理，更无法实现基本的社会变革。虽然"解构"似乎显示了一种至高无上的知识分子理性，但它借助于抵制自由主义与激进主义对相异性的傲慢掌控，却又复活了尼采。不过，通过理解哈贝马斯所说的经验框架中交往能力的普遍范式与社会生活，理性解构地缓解了自身的张力。"这意味着即使把风行的绝对标准反对为不幸意识的多种计划，人们也无须抛弃诸如真理、自由、

---

❶　BEN AGGER.Fast Capitalism：A Critical Theory of Significance［M］. Champaign：University of Illinois Press，1989：142.

正义之类的绝对理念。"❶

一旦没有借之以评价经验存在及构想未来的真理的主导理念，包括马克思主义、左翼女权主义、批判性后现代主义在内的广义批判理论都是不起作用的。不过，在认识到自己作为可矫正叙事，也就是可以用不同方式讲述自己的故事这一事实的时候，批判理论的"真理"让其从接近于它的不同版本中产生。阿格尔曾说，真理可以在那种倾向于最流行观点的观念市场中被总结出来。被类比为市场的资产阶级学术，要么没有能够解决真理的形而上学问题，要么是以一种专门有利于自我的方式来解决这个问题的。

与资产阶级学术界的认识相反，真理是它在把其描述性回溯到一种建构的创作性上所花费的时间。"人们在主张这种创作性时满怀激情地认识到，真理出自于质疑、探讨、文雅的矫正。"❷ 真理不是一个反对主体的客体，而是主体对其自身客观性的揭示。把真理加以客体化的原因在于，人们认识到文本已经成为物体和自然法则，而不是感知的波动。如果真理是一种获得新的存在秩序的过程及其结果的方式，就需要用一种不同的语言去描述它们的共时性。不过，阿格尔也提醒人们，从来不能让语言去完成所有的哲学和政治工作。文本不同于它所揭示的世界，从而让人们的社会安排需要通过对它们加以重新解释而使之更加充满生机。鉴于人们的目标会受到被语言所塑造与命名的世界的制约，一个美好的社会从来都不会满足于现状。

三、社会主义中对善的塑造更需要平等对话

平等对话不仅有助于社会主义社会中共识的达成和真理的生成，也有助于在社会主义中塑造善。阿格尔认为，在通过对话来对善加以指称之前，人们不能对善进行详细描述。基于平等对话的思考，已经把自己嵌入社会建构中，描画了理想中社会安排的专门特征，然后极力在实践中使之实现。阿格尔在这里

---

❶ BEN AGGER.Fast Capitalism: A Critical Theory of Significance [M]. Champaign: University of Illinois Press, 1989: 110.

❷ BEN AGGER.Fast Capitalism: A Critical Theory of Significance [M]. Champaign: University of Illinois Press, 1989: 111.

是从两种意义上来理解实践的，一是指创造性活动；一是指试错意义上的活动。这样就可以理解，如果不能相信它存在无法实现最初目标的可能，那么实践在事实之前是无法确定的。特别是在一种版本需要时间来制止武断时，体现了平等对话的实践就可以保证用其他版本来矫正最初版本。实现良好政治体制的较好办法，就是把平等对话原则整合到作为善的建构过程的商讨、争论及矫正之中。"任何人都知道，诸如建造楼房及绘画之类的事情都是这样完成的。创造性蔑视最初的设计，从而证明自己是好的，可以激发对未来的想象。类似地，善本身就要求对话。善不能被立即提供，也不能在没有其他修正版本出现时就对其弃之不顾。"❶ 阿格尔充满同情地指出，马克思所说的共产主义和列宁所说的苏维埃，在 20 世纪八九十年代陷入了低谷。

我们在此不要误以为阿格尔所说的善就是对话，以及所有的对话都是善。阿格尔指出，实证主义者的谈话压制了其他版本，就如同德里达的语言游戏除了在表明自由思想的经验可能性之外对民主政治少有裨益。阿格尔也批评人文主义错误地把有缺陷的世界视为有缺陷人类的产物，不满于其对于宗教、身心改造及关怀的描述。"否定不能因为那些不是有毛病或缺陷而仅仅是对某一种特定存在结构有专门兴趣的人，而否定自身。虽然人文主义也利用谈话去改变事情，但是它因相信其理性的力量而只是重复了实证主义塑造特定存在秩序的傲慢。"❷ 阿格尔抨击人文主义是穿着良好目的外衣的腐蚀性唯心主义，批评它没有以充分的唯物主义方式来理解世界，而只是偏好于以人性的可矫正性来理解社会问题。

如果它假定所有的分歧都仅仅可以借助于自由主义民主而解决，那么这种意义上的交谈或对话就不是马克思主义的。正因为如此，阿格尔也认识到最有力的辩论只是一种规范性原则。一旦辩论不比枪炮和货币更加有力，实际上就常常导致对话失败。即使它们被描述为一种文化产物，实证主义世界也不会放弃它们的魔力。因此，"人们需要倾听那些体现在货币、科学、高楼、数字中

❶ BEN AGGER.Fast Capitalism：A Critical Theory of Significance［M］. Champaign：University of Illinois Press，1989：111.
❷ BEN AGGER.Fast Capitalism：A Critical Theory of Significance［M］. Champaign：University of Illinois Press，1989：113.

的欺骗性劝诱修辞，从而明白它们因删节了辩证的想象而始终是错误的"❶。人们无须去玩实证主义的游戏而去极力证实为什么社会主义或女权主义就所谓的"证据"而言是可能的，因为"证据"仅仅是一种倾向于劝说那些已经被证实的文本。但是，不能用对肯定会实现之物的有限解释来理解未来。阿格尔认为，与黑格尔的辩证法不同，马克思的辩证法把历史解释为在确定性中也包含着被忽视的可能性。

尽管实践不都是对话或文本，但是平等对话则是一种实践。在希望每一个人都成为批评家，也就是成为一个书写者的时候，平等对话就是在进行"批判"。因为作为平等对话的"批判"，认识到自己会遭受实证主义书写者所采用的不容置疑性的形而上学法则的压制，所以"批判"把实证主义揭示为一种没有介入到对共同理性的互惠性追求之中的可以被揭露的描述。"在它通过对其他版本的读写尊敬而建立了共同体，或者抛弃了那种基于形而上学的或政治的特定偏见而倾向于压制对话的描述时，对话就是好的。"❷ "批判"讽刺性地热爱人性，同时也憎恨一些人。愤怒与爱融合在谈话的情感中，以变革世界。

虽然政治交谈通过善把征求对自身的矫正当做政治的一种重要特征，但是它会制止把形而上学的、政治的异议压制为普遍不可能的实证主义不良交谈。借助于极力让人们相信如果对不良解释漠不关心，只会再生产那些似乎是无法改变的社会安排，对话就揭示了权力。"善是一个社会，谈话在这个社会中对话地探讨世界，从而防止对好事情与编织了它们意义的谈话加以割裂。"❸ 在阿格尔眼里，就平等对话本身而言，它是源自于实际政治的自由转向。自由的平等对话，促进善的塑造。

总而言之，虽然阿格尔关于平等对话之于社会主义重要性的探讨还显得比较粗糙，但他的相关探讨还是触及了社会主义的对话维度。这对社会主义的理论发展来说，具有一定的积极意义。在探讨了平等对话之于社会主义重要性的

---

❶ BEN AGGER.Fast Capitalism：A Critical Theory of Significance［M］. Champaign：University of Illinois Press，1989：112.

❷ BEN AGGER.Fast Capitalism：A Critical Theory of Significance［M］. Champaign：University of Illinois Press，1989：112.

❸ BEN AGGER.Fast Capitalism：A Critical Theory of Significance［M］. Champaign：University of Illinois Press，1989：112.

基础上，阿格尔则较为深刻地指出，现有的各种对话理论尽管比较丰富，但参差不齐，甚至其中的有些理论还有严重缺陷，因此需要对之甄别后加以整合重建。这就涉及他对现有"对话"概念的重构。

第二节　重构"对话"概念

如前文所述，阿格尔所说的实质为平等对话的作为"激进的阐释"的"批判"，之于他具有双重功用。那就是阿格尔既利用它作为变革"快速资本主义"中文本与政治的锐利武器，也运用它来建构超越了"快速资本主义"的未来美好社会的新秩序。因此，阿格尔始终强调平等对话的重要意义。这里需要指出的是，就"激进的阐释"之于建构超越了"快速资本主义"的未来美好社会新秩序而言，阿格尔在保留了"批判"本有的平等对话意蕴基础上，后来更倾向于直接使用内涵更丰富的"对话"来代替"批判"。这既是对一般意义上"对话"概念的内涵加以丰富，也是对"平等对话"的意义重申。

一、"对话"概念需要重构

尽管阿格尔从规范的意义上指出社会主义是注重平等对话的社会，但他又发现，现有的各种对话理论所论及的"对话"概念本身，还不足以彰显社会主义的对话性。因此，需要把"对话"概念加以重建。如果说阿格尔在《快速资本主义：关于意义的批判理论》（1989a）中关于作为未来社会主义构型的根本途径与基本特征的平等对话的相关探讨，因限定在文本"批判"的视域里而显得十分单薄而零散的话，那么他在《关于公共生活的批判理论：衰落时代的知识、话语和政治》（1991）中则通过重建布鲁斯·阿克曼（Bruce Ackerman）、

哈贝马斯等人对话思想，对平等对话作了更为详尽而系统的阐述。❶

阿格尔重构"对话"概念的现实原因在于超越"快速资本主义"，再造良好的公共生活。阿格尔发现公共书籍的衰落，造成了公共话语丧失和民主政治受到侵蚀，从而需要一种关于激进知识的新思想以解决"快速资本主义"中公共生活问题。❷ 为此，阿格尔希望通过对话而改善公共生活，这也是任何崇尚话语与民主的后现代批判理论的主要内容。在阿格尔看来，对话的范围必须相当广泛。它既可以体现为与死者对话，也可以与他人以及与自己内心掩埋的欲望对话，以作为一种始终持解放现实及其美好前景的方式。

随着资本主义国家在经济及文化中的作用进一步发展及扩大，不仅劳动分工在"快速资本主义"中逐步严格，技术规划也日益普遍。如同拉尔夫·米利班德（Ralph Miliband）、欧内斯特·曼德尔（Ernest Mandel）等诸多研究资本主义国家的新马克思主义理论家，阿格尔也认为意识形态话语已经发生了变化。规制交换的市场规则大部分被复杂劳动分工的社会规则所取代，从而让企业及政府中的技术专家有效地协调了这些劳动分工。"个人放弃了积极参与市场与政治，以换取更大的物质享受及职业保障，这样就合法化了社会秩序。"❸早期资本主义的意识形态涉及的话语主张，受制于契约的合理性及契约的道德不可破坏性，支撑了复杂社会的经济决策及政治决策，同样不可避免地会受到社会结构支配的社会观念影响。

在"快速资本主义"的技术统治阶段，经济精英及政治精英让他们与大众保持距离，以便他们不受妨碍地充当复杂社会系统的操纵者。"快速资本主义"的意识形态让大众保持沉默，以免公民质疑技术统治的整个特性。借助于暗示符号系统及技术知识对民主化有内在的高度复杂性，来引导公民的被动性。这

---

❶ 当然，不是说阿格尔关于平等对话的论述就局限于这两本著作。其实，综观阿格尔的整个学术思想，我们可以发现"平等对话"这一论题一直占据着重要地位。毫无疑问，我们还可以从阿格尔的其他文献中发现相关论述。因此，我们只有把阿格尔的相关思想加以系统梳理，才能真正发现其平等对话思想的核心要义与旨趣所在。

❷ BEN AGGER. A Critical Theory of Public Life: Knowledge, Discourse and Politics in an Age of Decline [M]. London/ Philadelphia: Falmer Press, 1991: 2.

❸ BEN AGGER. A Critical Theory of Public Life: Knowledge, Discourse and Politics in an Age of Decline [M]. London/ Philadelphia: Falmer Press, 1991: 153.

样一来，对资本的垄断，与对信息及对话机会的垄断就混和在一起。❶ "快速资本主义"长期以无数复杂而微妙的方式教育人们要接受这些事实，即人们生活在一个复杂的社会中，需要等级制劳动分工及狭窄的职业分化。相应地，这样对政治及经济领域的干预，就被限定为超出了人们活动能力范围。

科技监管者在"快速资本主义"阶段基于他们对符号权力及话语权力的垄断，而成为意识形态家。人们之所以合法化了资本主义精英，完全是因为人们相信精英的地位是基于人们所不理解的技术知识及他们有能力去写作专业性文章。相应地，人们就克制了对话及话语，否则会危及由技术统治的资本主义意识形态所认可的升迁机会。其实，如果不是人们错误地以为自我指导行为在制度巨人这一复杂世界中是不可能的，就不会通过消除政治想象力及从公共领域中撤退而克制自己。可以通过很多明显的方式发现，人们在公共压制下很容易接受狭隘规定的角色，而不是拒绝把所有决策权让渡于"高等"权威而挑战对话的技术统治智慧。阿格尔深刻地指出，"只要人们能依靠有能力操纵系统的精英，精英就会让资本主义避免经济危机而使人们的享受成为可能，从而导致大多数人愿意拿工作日的异化来换取一定程度的舒适"❷。

如果说阿格尔重构"对话"概念的现实原因在于超越"快速资本主义"，再造良好的公共生活，那么充实马克思主义和社会主义理论的对话维度，则是阿格尔重构"对话"概念的理论动因。

阿格尔不仅把对话作为激进民主政治理论的基础，也把激进民主视为其所提出的关于公共生活的批判理论的实质。在他看来，包括实证主义社会科学家在内的惩戒性文本的书写者，塑造了"快速资本主义"中的社会宿命论。资本主义意识形态的科学化，与对公民的结构性社会支配如影随形。阿格尔像哈贝马斯一样把这种结构性社会支配的结果，看作公共领域崩溃的特征，描述为公民从政治参与及经济参与中撤退后的制度结果，而这些参与在资本主义早期阶段是导向个人权力及财富积累的。

---

❶ BEN AGGER.A Critical Theory of Public Life：Knowledge，Discourse and Politics in an Age of Decline［M］.London/ Philadelphia：Falmer Press，1991：153.

❷ BEN AGGER.A Critical Theory of Public Life：Knowledge，Discourse and Politics in an Age of Decline［M］.London/ Philadelphia：Falmer Press，1991：154.

阿格尔认为，这没有改变资本主义的深层结构，也就是说没有消除阶级冲突，相反只是让国家管理的资本主义在技术高度发达的企业时代得以幸存。其实，"资本主义的发展必然实现从商业企业主义的喻义，转向对那些被认为是超出了公民视野及能力问题的结构性规制"❶。阿格尔希望在继承哈贝马斯对作为人类公共生活本质的话语民主着重强调的基础上，"从对话的视角推动批判理论的发展，从而超越哈贝马斯对历史唯物主义的交往行动理论重构"❷。阿格尔在承认哈贝马斯为关于公共生活的批判理论提出了诸多正确问题的同时，也批评哈贝马斯对其中一些问题的回答不是很充分，从而需要对哈贝马斯的相关思想作出回应并加以发展。

阿格尔认为哈贝马斯相关思想的主要局限在于：一是哈贝马斯没有充分地解释他基于理想交谈情境的共识观。因此，人们很可能把他的共识解释为通过民主交谈而实现的共识，从而使这种交谈具有逻辑中心主义倾向，这用德里达的话来说就是"交谈优于写作"。二是哈贝马斯没有把批判理论的解放议程发展得更远。在哈贝马斯开启批判理论的交往转向时，没有评价解放的文本可能性及技术可能性。鉴于哈贝马斯对第一代批判理论提出了最积极的变革及扩展，阿格尔认真地思考了哈贝马斯的思想。为此，阿格尔力图借助于批判性的后结构主义、后现代主义及左翼女权主义的见识，修正哈贝马斯关于交往理论的批判理论，从而在扩展哈贝马斯的对话思想的同时，也更好地解释"快速资本主义"中与公共生活衰落相关的各种现象，进而对未来可能的资本主义社会变革以及社会主义社会加以讨论。

二、"对话"概念重构之路的开启

阿格尔着重通过挖掘布鲁斯·阿克曼的公共政治交谈思想、哈贝马斯的社会交往理论及西方马克思主义传统，指出这些理论传统都强调"对话"，应该

---

❶ BEN AGGER.A Critical Theory of Public Life：Knowledge，Discourse and Politics in an Age of Decline ［M］. London/ Philadelphia：Falmer Press，1991：153.

❷ BEN AGGER.A Critical Theory of Public Life：Knowledge，Discourse and Politics in an Age of Decline ［M］. London/ Philadelphia：Falmer Press，1991：151.

被看作对现存社会秩序的一种批判资源，从而引起对这种秩序的挑战。在综合这些思想资源的基础上，阿格尔重构了"对话"概念。❶ 从阿格尔对阿克曼自由主义内在批判思想的深度发掘来看，扬弃阿克曼关于公共交谈的看法，是他重构"对话"概念之路的重要环节，甚至在一定意义上说就是直接切入点。

阿克曼对自由主义讨论的焦点是，自由主义不断地遭遇资本主义社会组织这一众所周知模式中完全是非自由的原则及实践。❷ 阿格尔认为，虽然阿克曼的《自由国家的社会正义》公开宣称自由主义，毫无疑问它在很多方面属于自由主义政治哲学，但是阿克曼的看法在该书的脚注中又显示他与哈贝马斯的思想很类似，从而在一定意义上也属于新马克思主义的现行传统。❸ 其实，阿格尔把阿克曼的正义理论解读为，与其说是对自由主义传统的贡献，不如说是具有马克思主义倾向的批判性理论。阿克曼对早期功利主义及社会契约论的持续批判，是阿格尔一直非常关注的。阿格尔认为阿克曼的对话思想，至少有以下两个不可忽视的理论贡献。

首先，阿克曼力图以新术语来为一种真正的自由主义政治哲学奠定基础。阿克曼批评边沁的功利主义及霍布斯与洛克的社会契约论华而不实，指责他们的自由主义标准是外在的及神秘的。如果说霍布斯与洛克以不同的方式假定了人们进入社会契约的标准是未受到社会利益影响的史前基础，那么功利主义的标准则是"大多数人的最大幸福"。阿克曼要为自由主义寻找一个真实世界的基础，抛弃像"大多数人的最大幸福""自然状态"或罗尔斯的"无知之幕"这样的虚构前提。阿克曼为自由主义正义所寻找的基础是，可以让自由主义者抨击不合法的权力结构。阿克曼把这种自由主义的正义基础称为"中立性对话"（neutral dialogue），这也是阿克曼的核心观点。❹ 其含义在于，如果对一个权力结构的正当性辩护，只有借助于交谈中有些人或团体宣称其对作为伦理权威的中立性拥有特权，那么这种权力结构就不具合法性。

阿克曼认为有四种通往自由国家的高速公路：关于权力腐败的现实主义；

---

❶ 申治安.论阿格尔对哈贝马斯交往理论的重建［J］.求索，2012（11）.

❷ ［美］布鲁斯·阿克曼.自由国家的社会正义［M］.董玉荣，译.南京：译林出版社，2015：11.

❸ BEN AGGER.A Critical Theory of Public Life：Knowledge，Discourse and Politics in an Age of Decline［M］.London/ Philadelphia：Falmer Press，1991：156.

❹ ［美］布鲁斯·阿克曼.自由国家的社会正义［M］.董玉荣，译.南京：译林出版社，2015：19.

怀疑认知是走向伦理知识的必要一步；尊重个人自治；对超越意义的现实的怀疑主义。这四种观点都是来自于中性对话的主要原则。阿格尔将之解读为，任何一个人都不要认为自己在道德上一定是高于他人，或相信某一个人比别人拥有获得关于善之知识的特权。每一种听说活动，都假定了当事人是忠实于这种观点的。"这就让人们把关于正义的实践伦理及信条，不是溯及那些必然与严酷社会现实发生冲突的抽象要求，这些社会现实包括人们只喜欢自己的近邻，对所谓金科玉律的服从也只是为了获取福利和安全方面的特权，而是溯及人们实际所做的事情，即人们的写作与交谈。不管它们是如何被掩埋及被扭曲，但都是为了希望拥有共同的人性，以及希望缓解人们伦理上的彼此孤独。" ❶

阿格尔高度评价阿克曼不像大多数自由主义的正义理论家那样把伦理原则贬黜为一套原则的抽象，而是把伦理原则嵌入基于中性对话这一行为的结构中。这就为人们提供了一种具有强烈效应的人际关系测试方式。人们借助于这种方式可以在对话的基础上评估当前及未来的各种活动，从而克服人们与共同体之间的脆弱束缚，进而确保新的社会理性充满活力。因为阿克曼像哈贝马斯一样，把社会主义正义的生动原则溯源自交谈结构本身，所以阿克曼提供了一个工具以保证公共交谈免于因遭受那些被任命为真理看护者的压力而噤声。虽然这在表面上有逻辑中心主义的基础，似乎把交谈凌驾于写作之上，但阿格尔认为理想的交谈情境也可以被表述为理想的文本情境。❷ 鉴于阿格尔实质上把写作与解读也视为公共行为，阿格尔关于公共交谈视角的对话意蕴也是同样可以运用到写作与解读中的。

其次，阿克曼利用这种"中立性对话"原则作为一种自由主义政治理论的基础，从而让这种政治理论为公民提供了把腐败的权力结构加以合法化的工具。"不受权力压制的对话"是阿克曼所支持的对话关系，而这种关系处于那些寻求建立政治关系合法性的个人之间及可假定的个人与制度之间。❸ 借助于对话，阿克曼探讨了这种正义对话原则的潜力与范围，发现了一个十分有用的

---

❶ BEN AGGER.A Critical Theory of Public Life: Knowledge, Discourse and Politics in an Age of Decline [M]. London/ Philadelphia: Falmer Press, 1991: 159.

❷ BEN AGGER.A Critical Theory of Public Life: Knowledge, Discourse and Politics in an Age of Decline [M]. London/ Philadelphia: Falmer Press, 1991: 159.

❸ [美] 布鲁斯·阿克曼. 自由国家的社会正义 [M]. 董玉荣，译. 南京：译林出版社，2015: 64.

工具来保证与维持真正自由国家的合法性。为了区分名义上的自由政体与真正基于中性对话基础的自由政体,阿克曼引出了三种理论类型的三重区分。其中最好的"理想"理论,超理论地假定了由"理想"的公民所管理的"新世界"。"理想"的公民具备阿克曼所说的"正义的完美技巧"❶,从而可以很容易实现中性对话的实质结论。

阿格尔注意到,阿克曼"理想"理论中关于正义完美技巧的假设没有否认物质稀缺性的假设。其实,自由主义理论的主要问题,就像阿克曼所认为的那样,是以不破坏他所说的中性对话为指导的方式来判断对稀缺资源分配的正当性。❷阿克曼所创造的那种关于自由对话的理想理论,很快就遇到的现实是因为缺少这种正义的完美技巧而不能保证他所说的不受支配的平等。阿克曼让"次最好"理论来决定如何在未来可能的社会中保证社会正义最大化,在那个社会里各种不受压制之平等的抽象目标与培育一种技术的实践必要之间的平衡,在根本上就是为了提高生活中的平等。这是因为人们不是生活在阿克曼意义上的理想世界中,必须指出怎样保证中立性对话目标的实现。

阿格尔认为阿克曼在论述"剥削"时,十分接近关于对话的可能性及限制条件的批判性视角,从而在很多方面类似于德里达对逻辑中心主义的批判。阿克曼认识到,不是所有的自由国家都愿意把去合法性的权力让渡于包括卑微的诉愿者及愤怒的受剥削反叛者在内的对话伙伴。这是因为权力及财富的垄断者不容许那种基于对话中立性的交谈正当性。如果权力的拥有者拒绝参与辩护性对话,或利用一些行为暗示他们在道德上优于他们下面的人从而对善有更好的理解,那该怎么办?这是所有在结构性社会不平等的阴云笼罩下完成的政治理论的一个主要问题。阿格尔不但肯定阿克曼把传统自由主义从功利主义及社会契约论的飘渺理论领域中解放出来,并安置在现实社会互动的坚实基础上,而且赞同阿克曼为评价权力结构的合法性提供了一种标准,那就是人们在追求不受压制的平等时坚持中性对话原则。❸在阿格尔看来,阿克曼的这些思想是对

❶ [美]布鲁斯·阿克曼.自由国家的社会正义 [M].董玉荣,译.南京:译林出版社,2015:21.

❷ BEN AGGER.A Critical Theory of Public Life:Knowledge, Discourse and Politics in an Age of Decline [M].London/ Philadelphia:Falmer Press, 1991:156.

❸ BEN AGGER.A Critical Theory of Public Life:Knowledge, Discourse and Politics in an Age of Decline [M].London/ Philadelphia:Falmer Press, 1991:157.

民主理论的一种创新，因为它提出了一种对不良社会制度加以批判的标准。这种标准就是，有没有与平等对话者的对话，或者虽然进行了对话但有没有为自己有利之处的正当性提供充分辩护。

从一定意义上看，与其说阿格尔把阿克曼解读为一个自由主义者，不如说阿格尔把阿克曼解读为一个民主的马克思主义者。在阿克曼那里，作为所有实质性自由社会关系原型的中立性对话思想，极度类似于哈贝马斯的理想交谈情境思想。因此，如果说哈贝马斯是马克思主义者，那么阿克曼与哈贝马斯就有很多类似的马克思主义观点，尤其是关于不合法的社会秩序中那种结构性公共压制的荒谬性。❶ 阿格尔在此的目的是，认为阿克曼的自由主义是基于合法性及不合法性的政治对话这一思想，实际上就是注重民主的马克思主义的重要伦理观。

我们必须清楚地看到，阿格尔在挖掘阿克曼的对话思想时不仅肯定了阿克曼的理论贡献，也指出了阿克曼的对话思想之于深入探讨"对话"概念的理论局限。

首先是阿克曼的自由主义批判不能作为意识形态批判。阿格尔认为，阿克曼仍然局限于话语逻辑中心主义模式中，这种模式认为完全理性的交谈者之间的交往是清晰的，从而导致阿克曼没有充分地利用"对话"的意识形态批判功能。阿克曼理所当然地认为处于劣势者可以真正地召集对话资源，并利用这些资源来挑战"快速资本主义"，也认为"快速资本主义"是理性的交谈者而忠实于中立性对话的基本原则。❷ 阿格尔认为，阿克曼对特定经济制度中剥削的历史根源缺乏结构性理解，而每一种经济制度都完全利用包括自由主义政治哲学在内的政治上层建筑作为重要支撑。阿克曼没有回答"当对话破裂时可能会出现何种情形"这样一个潜在的问题。

尽管阿克曼对早期契约论自由主义中自由放任的个人主义做出了富于新意及重要的内在批判，也力图把自由主义思想基础重新确立在那种基于对话的共

---

❶ BEN AGGER.A Critical Theory of Public Life：Knowledge，Discourse and Politics in an Age of Decline［M］.London/ Philadelphia：Falmer Press，1991：158.

❷ BEN AGGER.A Critical Theory of Public Life：Knowledge，Discourse and Politics in an Age of Decline［M］.London/ Philadelphia：Falmer Press，1991：162.

同体哲学之上，但阿克曼陷入了经济及意识形态的支配否定了政治民主这一自由主义经典困境。❶ 如同马克思及随后研究社会支配的新马克思主义者，阿格尔认为在资本主义社会中，有权者与无权者之间的对话要么是不会发生，要么是虚假的，只对强化虚假的自由主义意识形态有利。结构性剥削，或者导致竞争性对话者中的沉默，或者强化所谓"公民文化"意识形态的粉饰性支持。在阿格尔看来，阿克曼对谈话中权力的限制将会直接在沉默中中断，从而导致他的政治哲学失效。

　　其次，阿克曼没有提出一种社会结构理论及社会变革理论。如果说阿克曼因没有提出一种意识形态理论，而无法理解对话尝试的政治动员功能，那么他又因没有提出关于社会运动的社会理论，而无法扩展其一对一的对话结构模式。阿格尔假定，除非阿克曼能提出一种社会结构理论及社会变革理论，让对话点燃社会变革之火，而不仅仅作为社会中一种判断正当性的方式。阿格尔希望把阿克曼关于对话的自由主义理论改造为马克思主义形态，以便把对话的看法变得更有力，从而使对话不但刺激反资本主义意识形态的社会主义意识的形成，而且成为新社会秩序的现实组织原则。❷

　　阿格尔批评阿克曼没有考虑到在技术统治的资本主义中被预先支配的失败对话。在阿格尔看来，阿克曼或多或少地把技术统治的资本主义视为难以消除的，进而他的哲学思想很少是对政治相关性的直接拯救，以证实大多数社会的非合法性建立在扭曲对话的基础上。然而，批判理论必须超越对非合法性的认知而创新对话以激起激进的社会变革。❸ 阿格尔认为，阿克曼不同于其他自由主义思想者的地方在于，他借助于聚焦对话的去合法性（delegitimizing）潜力而把人们带到了社会变革的边缘，但是阿克曼因其对技术统治的资本主义不可消除性的前提假设而导致他没有走得更远。

　　最后，阿格尔认为甚至更致命的是，阿克曼不能完全突破自由主义的个人

❶　BEN AGGER.A Critical Theory of Public Life：Knowledge，Discourse and Politics in an Age of Decline［M］.London/ Philadelphia：Falmer Press，1991：160.

❷　BEN AGGER.A Critical Theory of Public Life，Knowledge，Discourse and Politics in an Age of Decline［M］.London/ Philadelphia：Falmer Press，1991：160.

❸　BEN AGGER.A Critical Theory of Public Life：Knowledge，Discourse and Politics in an Age of Decline［M］.London/ Philadelphia：Falmer Press，1991：161.

主义倾向。阿克曼的中立性对话概念假定了对话双方都有足够的语言能力以保证对问题及答案的理解是不成问题的，进而可以形成共识。阿格尔对此不以为然，批评阿克曼既没有考虑因财富及权力的社会分配不公，尤其关键的是没有考虑出版、发行、评职称及解读的困难会阻碍一部分人进入对话，而这会造成交往严重扭曲，也没有足够地考虑处于劣势者首先就面临进入对话的困难。❶现实中的财富及权力的拥有者不会因无权者的要求而把权力让渡于他们，从而导致对话以沉默而告终。这正好是阿克曼所忽视的，因为他的主要兴趣在于可能性对话的形式特征，这是康德意义上的而不是现实意义上的对话。

尽管阿克曼批评了罗尔斯（John Bordley Rawls）"无知之幕"的背景假设，在"无知之幕"之后契约者完全不知道他们自己及外部世界，但是阿克曼自己的对话者同样是没有血肉之躯的。现实中的人们一旦企图强有力地介入辩护性交谈，就很少满足于认识到体制是不合法的。相反，他们会富有激情地积累新发现，以抵制那些为非正义所做的辩护。阿克曼所说的交谈者在交谈过程中是没有激情的，因为他们的激情在具有合法性的理想状态及次好状态中，被假定为在其他领域中进行表达。民主政治对他们来说仅仅是抽象的、一种形式上达成契约的义务，而忽视了对他们更重要的关注点。❷阿格尔相信，民主政治是现代社会的必要活动。在理想状态下，为了在生活中享受更深层的自我表达，民主政治作为固有的无报酬活动而被执行。

阿格尔把阿克曼对话理论中关于个人与共同体之间关系的特征，与马克思《1844年经济学哲学手稿》中的相关思想、随后的存在主义马克思主义者梅洛·庞蒂的相关思想，以及像亚当·沙夫、加约·彼得洛维奇、米哈伊·马尔科维奇、斯维托扎尔·斯托扬洛维奇这样的东欧马克思主义者的相关思想联系起来。阿格尔惋惜阿克曼令人感到意外地没有注意到中立性对话思想与挖掘了马克思早期的"实践"及民主共同体思想的这种类似性。"这就如同大多数马克思主义者在为未来人道的社会主义提供某种契约及共识基础的理智思想

---

❶ BEN AGGER. A Critical Theory of Public Life: Knowledge, Discourse and Politics in an Age of Decline［M］. London/ Philadelphia: Falmer Press, 1991: 163.

❷ BEN AGGER. A Critical Theory of Public Life: Knowledge, Discourse and Politics in an Age of Decline［M］. London/ Philadelphia: Falmer Press, 1991: 163.

时，没有意识到自由主义的权力。" ❶

　　概而言之，尽管阿格尔承认阿克曼的中立性对话思想有其可资借鉴之处，但也批评阿克曼不仅因为没有动员被剥削者的意识去挑战现存资本主义社会和创造一个新社会，因此，阿克曼的对话理论不足以充当关于话语的批判理论，也因为没有赋予对话以充分的政治内容及批判目标，从而使他既不能采取正确的步骤来超越对腐败社会的原则性认知，也不能超越其立场中的逻辑中心主义倾向而走向对文本政治的德里达般的评价，以及对在公共与生产性、私人与再生产性之间可渗透界限的女权主义式评价。阿格尔希望在哈贝马斯交往行动理论的支持下借鉴并超越阿克曼的对话理论，以便解释在现实社会秩序中对话的具体功能。

三、批判理论对话维度的拓展

　　如果说阿克曼通过概述政治交谈对资本主义社会的现存社会秩序的去合法性（delegitimizing）功效，为阿格尔重构"对话"概念开辟了道路，那么哈贝马斯通过他的交往理论创新，则为阿格尔重构"对话"概念提供了基础。借助于发现在哈贝马斯、早期的法兰克福学派理论家及其他西方马克思主义者，尤其是葛兰西、萨特、梅洛 – 庞蒂及东欧马克思主义人道主义思想家的思想中被人们忽视的很多关于更全面对话的思想资源，阿格尔深化了阿克曼的一些看法。阿格尔以对处于劣势者对失败对话的默许为分析起点，随后通过对这些默许加以溯源，从而提出了一个更为丰满的关于对话的批判理论。阿格尔关于对话的探讨，富有意义地拓展了阿克曼和哈贝马斯等人的政治交谈概念及随之构建的共同体的公共话语。

　　阿格尔首先深入发掘了哈贝马斯交往理论中的对话思想。哈贝马斯的交往理论，暗示了进入对话是一种深刻的政治参与行为。在《知识与人类兴趣》《合法性危机》《交往行动理论》中，哈贝马斯提出了自己对那种取代了资本主

---

❶　BEN AGGER.A Critical Theory of Public Life: Knowledge, Discourse and Politics in an Age of Decline ［M］. London/ Philadelphia: Falmer Press, 1991: 158.

义早期企业主义的技术统治意识形态的系统性理解。^❶ 阿格尔把哈贝马斯实质性地解读为，如果说早期法兰克福学派理论家的社会支配理论围绕阿多诺和霍克海默所说的全面管理社会这一思想及马尔库塞所说的单向度性思想而展开，那么哈贝马斯则极力将早期法兰克福学派理论家的社会支配理论加以具体化。^❷ 其实，社会支配是这样一种状态，即人们身处其中不但遭受经济上的剥削，而且被剥夺了心理的、语言的及文本的抵制手段。单向度社会是全面压制的社会，在那里资本的技术统治的管理者不受阻碍地起作用。^❸ 管理者在公共领域既不需要为自身的权威进行话语辩护，也不需要解释是谁真正书写了"快速资本主义"的社会文本。

哈贝马斯借助于吸收阿多诺、霍克海默和马尔库塞等人为了回应法西斯主义及克服法西斯主义的企业资本主义而进行的技术统治分析，极力把这种分析安置在认识论及经验的坚实基础上。阿格尔赞同哈贝马斯的做法。哈贝马斯力图揭示专制的科技世界观，并利用理解人类理性的深层结构而使其合法化。"哈贝马斯把人类理性分为三部分：工具性科技活动（人们生产性地作用于自然）、自我反思活动（他或她对自我及他或她所处世界的思考）、交往活动（人们的交谈活动，一个德里达式的人会补充还有写作活动）。"^❹ 哈贝马斯认为交谈在范畴上是不同于工具性活动的，因而在有关世界观及价值观的主张中不能求助于真理的所谓不言自明的基础而把交谈简化为工具性活动。

阿格尔把哈贝马斯解读为同情马克思主义的一流理论家，因为哈贝马斯严肃地把对话政治内容的重要性看作对那种适合于资本主义技术统治阶段的科技统治意识形态的挑战。^❺ 即使经济剥削没有消失，但资本主义意识形态的特征已发生很大变化，其方式是人们被诱导为支持系统，而这不是因为他们接受了

---

❶ ［美］道格拉斯·凯尔纳，斯蒂文·贝斯特.后现代理论：批判性的质疑［M］.张志斌，译.北京：中央编译出版社，2004：263.

❷ BEN AGGER.A Critical Theory of Public Life：Knowledge，Discourse and Politics in an Age of Decline［M］.London/ Philadelphia：Falmer Press，1991：164.

❸ ［美］赫伯特·马尔库塞.单向度的人：发达工业社会意识形态研究［M］.刘继，译.上海：上海译文出版社，2008：15.

❹ BEN AGGER.A Critical Theory of Public Life：Knowledge，Discourse and Politics in an Age of Decline［M］.London/ Philadelphia：Falmer Press，1991：165.

❺ ［德］哈贝马斯.交往行动理论（第一卷）［M］.洪佩郁，等译，重庆：重庆出版社，1994：46.

市场中的公平交易思想从而保留了企业追逐利润者的乐观主义，而是因为呈现给他们的是那些认可精英治理的社会经济复杂性的技术统治规律，相应地抑制了政治及经济中的公共参与。借助于语言学研究领域像乔姆斯基及阿皮尔等其他学者的成果，哈贝马斯以他所说的交往能力提出了这个问题。

哈贝马斯指出，人们基于他所说的对必然的错觉而默许了技术统治的指导。尽管如此，但人们在资本主义的技术统治阶段不能克服他们社会交往上的能力不足。阿格尔认为哈贝马斯之所以把话语坚实地安置在其社会交往理论的中心，是因为哈贝马斯把对话机会的丧失看作发达资本主义意识形态支配的最基本模式。根植于劳动契约的那种公平交易意识形态的粘合力的重要性，已经被技术专家及科学家的垄断立场所取代，他们获得权力的基础在于宣称政治的纯粹工具性特征，以及垄断了有关阅读与书写的手段及其生产模式。当资本主义社会演化为一种复杂的社会经济体系时，其阶级关系在福利国家中有所缓解。在这种情况下，人们的交往能力变得十分重要，因为尽管契约及私人产权的不可破坏性在"快速资本主义"中仍是基础，但合法性的特征不再被简单地定义为遵从自由市场契约，而是服从于技术统治的精英及他们在劳动分工中为人们确定的角色。在阿格尔看来，哈贝马斯已经指明，"快速资本主义"的合法性是基于公众愿意放弃交往能力及政治活动。

如何挑战科技意识形态的权威？阿格尔指出，哈贝马斯已经挑战了科技意识形态的权威，"他采取的形式是指出工具合理性（治理人与自然之间的关系）本身不是无效的，但是当它扩展到主体间行为领域中就是不合法的"❶。哈贝马斯区分了两种不同类型的合理性，一种是治理人与自然之间关系的合理性，另一种是治理人与人之间关系的合理性。这是因为哈贝马斯希望全面描述科学技术的必要作用，而不是完全将它们驱逐出去。哈贝马斯不反对工具合理性服务于生产技术以免除人们的劳作之苦，而是反对支配沉默的合理性入侵应该由交往实践的"普遍范式"所治理的领域。哈贝马斯认为这种交往合理性基于他所说的"最强烈争论的力量"。反过来，扭曲的交往是由那种工具性支配动机所管理的交谈。

---

❶ BEN AGGER.A Critical Theory of Public Life：Knowledge，Discourse and Politics in an Age of Decline［M］．London/ Philadelphia：Falmer Press，1991：166.

在简要梳理哈贝马斯交往理论之后，阿格尔认为哈贝马斯所说的那种区别于日常用语的话语，很类似于阿克曼所说的中立性对话。● 哈贝马斯所说的话语是一种交谈，它坚守对一定价值观优先性的判断及特定事态的存在而实现，从而悬置了除实现理解以外的所有对话动机。对话者进入了"理想的交谈情境"，寻求共识。只有当交谈者大致享有均等的机会，才能进入理想的交谈情境。哈贝马斯这样就为批判理论在话语自身结构中确定了一个规范性的基础，从而可以将理想的交谈情境看作一种理想社会的模式。阿格尔同意哈贝马斯关于理想交谈情境的这种看法，也主张在那里的各种活动都可以实现民主化，并向公众参与开放。

虽然阿格尔认为哈贝马斯所说的理想交谈情境十分类似于阿克曼所说的中立性对话，但阿格尔更赞同哈贝马斯的做法，即力图把辩护性话语一般化，尤其是以前不是明显地向公众开放的话语。在阿格尔看来，阿克曼不仅由于认为那样的政治交谈只是涉及合法化与去合法化的问题，而导致他没有认识到其对话概念中的批判潜力，也因为阿克曼没有理解意识形态的阻碍效应以及扭曲效应，而导致他没有像哈贝马斯那样认识到对话理论在应用到技术统治的资本主义中时具有巨大的意识形态批判潜力。哈贝马斯的独创在于，在发展交往理论时利用了心理分析模式所带来的启发，因为心理分析力图把病人从那些反复导致他们不舒服的自我强加的抑制中解放出来。●

其实，如同哈贝马斯，阿格尔意在指出作为集体主体的无产阶级，借助于认识到存在以介入未被禁止的政治事件及经济事件的对话之中，而将自身从技术统治的意识形态中解放出来。对于失败的辩护性对话，无权者如果不是基于假定科技语言只有少数人可以掌握，以自我强加的政治冷漠、虚假意识等自我抑制来回应，而是重新以公共交谈及恰当行动来回应，那么他们就可以获得对话能力。一旦对话不能起着参与到社会的、文本的及性别的劳动分工等广泛领域，那么仅学习政治交谈就是不充分的。这意味着，即使交往能力的解放朝向

● BEN AGGER.A Critical Theory of Public Life: Knowledge, Discourse and Politics in an Age of Decline [M]. London/ Philadelphia: Falmer Press, 1991: 166.
● BEN AGGER.A Critical Theory of Public Life: Knowledge, Discourse and Politics in an Age of Decline [M]. London/ Philadelphia: Falmer Press, 1991: 167.

把技术统治国家去合法化以及激励关于社会目标的批判公共意识走了很长的一段路，但是哈贝马斯的相关观点也不能引起那种支持全面参与碎片化的社会的、性别的及文本的劳动分工的社会变革运动。如此这般，就需要阿格尔进一步挖掘其他思想资源来完成他重构"对话"概念和构建关于对话的批判理论的重要任务。

阿格尔意识到如果没有"西方马克思主义"❶ 传统理论家的支持，以及那些在很多方面保留了更多的是早期马克思的而不是哈贝马斯的总体化思想的左翼女权主义者、后结构主义者及后现代主义者的支持，重构"对话"概念和构建关于对话的批判理论的任务也是不可能完成的。为此，阿格尔整合了阿克曼的去合法化观点、哈贝马斯关于对话机会民主化可能的强调以及把所有生产性及再生产性角色的去专业化及合作性协调构想为人类与自然、人类与符号及人与人之间"对话"的思想、"西方马克思主义"传统、左翼女权主义、批判性后结构主义及后现代主义的对话思想。

阿格尔着重指出，"西方马克思主义"传统认为社会变革的过程与结果，以及生产与再生产，都应该模糊到不可区分。以革命当务之急的名义而区分过程与结果，只能招致威权主义统治时间的延长而倾向于自我永久化。因此，一些"西方马克思主义"理论家认为，民主及共同体的价值观必须在社会主义革命开始之时就起到引导作用，而不应该被拖延到未来对来自资本主义"正题"与社会主义"反题"的完美"合题"实现之时。阿格尔还强调，在阶级斗争中过程与结果的融合所产生的思想，也许与葛兰西的表述最相关。那就是知识分子与公众应该一直处于对话之中："理论家会利用人们在资本主义中异化的经历，作为一种资源来对系统危机的指向进行更多的结构分析。"❷ 这些理论分析以意识形态批判甚至是战略洞见的形式，反馈到无产阶级及其他团体之中，从而促进他们实现被劝导的行为。葛兰西主张"反霸权"活动既是在知识分子与公众之间以及公民之间进行非神秘化的及提高意识的对话，也是再以他们自己

---

❶ 阿格尔这里所说的"西方马克思主义"，是指狭义的西方马克思主义，就是由卢卡奇等人开创的具有特定含义的马克思主义。

❷ BEN AGGER.A Critical Theory of Public Life：Knowledge，Discourse and Politics in an Age of Decline ［M］．London/ Philadelphia：Falmer Press, 1991：169.

的对话能力及政治参与能力来进行相互教育。

在马克思主义、左翼女权主义、批判性后结构主义与后现代主义那里，也不同程度地强调了生产与再生产活动之间保持密切和谐的可能。阿格尔坚信，体现了生产与再生产之间关系的劳动、科学、技术及文本，都可以被实质性地加以变革。在更高级的社会发展阶段中，那种先进的技术把人们从繁重劳役中解放出来。阿格尔尤其推崇马尔库塞的"新感性"揭示了生产性劳动可以保留它旨在人类再生产的工具性特征，同时它也应被体验为一种自我创造性的自由。❶ 这不仅可以融合哈贝马斯所区分的技术与实践，也可以颠覆各种诸如主体与客体、快乐与痛苦、娱乐与工作等把人们束缚于僵硬的社会劳动分工与性别劳动分工之中的致命性二元对立。考虑到今天巨大的社会生产能力，马尔库塞已经指出，人们可以从很多种明显是非满足性工作中解放出来，而从事更多在工具合理性与关于幻想的、想象的及爱欲身体的合理性之间界限上几乎是模糊的成熟的自我外化活动。❷

阿格尔超越阿克曼的地方在于，认为存在新型对话的可能，而新型对话并非根植于扭曲的、受支配的交往。阿格尔补充了"对话"的其他两种功能：一个是揭示特定社会中意识形态的自我再现，另一个是规划不同于现在的、可以动员处于不利地位者采取政治行动的未来图景。随之而来的，在现实社会秩序中的潜在对话具有另外两种政治功能："一种可以称之为关于学习政治的对话，以回应初期的对话失败及社会秩序不合法的证据积累；另一种是在第一种对话功能的基础上，关于学习、休闲及民主的组织活动。"❸ 阿格尔批评阿克曼和哈贝马斯都没有把这种去合法性及意识形态批判扩展为实际的资本主义变革活动，从而无力将这些变革活动依赖的"对话"概念深化为"不仅包括人际交往及写作，也包括人们与自然的生产性接触"❹。

阿格尔重构后的"对话"概念主要有三个相互关联的组成部分：一是那种

---

❶ BEN AGGER.A Critical Theory of Public Life：Knowledge, Discourse and Politics in an Age of Decline ［M］.London/ Philadelphia：Falmer Press, 1991：169.

❷ ［美］赫伯特·马尔库塞.爱欲与文明［M］.黄勇，等译.上海：上海译文出版社，2012：234.

❸ BEN AGGER.A Critical Theory of Public Life：Knowledge, Discourse and Politics in an Age of Decline ［M］.London/ Philadelphia：Falmer Press, 1991：163.

❹ BEN AGGER.A Critical Theory of Public Life：Knowledge, Discourse and Politics in an Age of Decline ［M］.London/ Philadelphia：Falmer Press, 1991：155.

用于对现存社会秩序去合法性（delegitimizing）的交谈及文本基础。在这种基础上无权力者可以有力地介入初步的辩护性对话。二是对技术统治诱导下的压制这一主流意识形态的批判。把对现存秩序去合法性的公共经验，作为促进意识形态上更高级的政治交谈而利用。三是一种关于具体社会行动及政治行动的梗概。它是通过对人们关于介入人与自然、人与符号及人与人之间对话的非异化能力认识而提出的。阿格尔的这一种理论，在实质上是基于一个深化后的对话能力概念。它将有助于人们更好地理解资本主义的显著变化，更充分地意识到"快速资本主义"在其技术统治形式下的支配特征。

阿格尔所指认的这种对话能力涉及工具的、认知的、文本的及组织的维度。这样就把对话能力不仅看作人际交谈的能力，也看作从事包括解读及写作在内的各种生产性与组织性活动的能力。阿格尔希望人们明白，在两个启蒙的交谈者之间的政治对话，可以成为人们与他人、文本及自然进行交往的一种新模式。通过对话，人们的自我外化活动既满足了自我表达的需求，也尊重了不管是作为人还是作为非人（nonhuman）自然的"他者"（the Other）的权利及需求。❶ 这样一来，阿格尔就把"对话"概念深化为既是一种质疑及克服"快速资本主义"剥削性制度安排的工具，也是人类自由活动的一种具体化模式。换言之，就是"对话在所有生产性与再生产性活动中，可以成为一种与自然、符号系统、社会角色及他人之间的非支配性关系模式"❷。

阿格尔相信，处于劣势地位的人们经过对不可忍受的苦难加以持久反思之后，会逐渐愿意学习政治对话。不管他们是多么的犹豫和不善于表达，但他们开始强有力地介入交谈。"享受福利的母亲会成群结队地抗议对津贴的削减；少数族裔会走上街头反对制度化的偏见；工人会极力组织工会。"❸ 政治对话是一种批判的语言，它会在人们不再接受社会是由不可改变的规则所管理的看法时介入现实，批判那种通过沉默与顺从而获得物质回报、有限度的职业、使地

❶ BEN AGGER.A Critical Theory of Public Life：Knowledge，Discourse and Politics in an Age of Decline［M］．London/ Philadelphia：Falmer Press，1991：152.

❷ BEN AGGER.A Critical Theory of Public Life：Knowledge，Discourse and Politics in an Age of Decline［M］．London/ Philadelphia：Falmer Press，1991：152.

❸ BEN AGGER.A Critical Theory of Public Life：Knowledge，Discourse and Politics in an Age of Decline［M］．London/ Philadelphia：Falmer Press，1991：164.

位流动性合法化的意识形态。穷者愈穷，他们愈有可能会加入对话。即使这种对话以沉默而告终，在剥削社会中确实很可能会如此，但他们的政治意识会有所提高，从而为进一步的对话、写作及行动打下超越资本主义政治话语的坚实基础。

阿格尔重构后的"对话"概念，在一定意义上来自于马克思的政治经济学批判，但又没有完全忽视马克思对资本主义的基本结构理解。这是因为，阿格尔重构后的"对话"概念揭示了借助于"快速资本主义"技术语言及操纵系统作用的所谓内在复杂性，技术统治的意识形态许可了精英与大众的非对话关系。这就如同马克思通过对资产阶级政治经济学的最初批判，揭示了市场制度的意识形态，指出了它把特定的经济安排说成是自然的事实及不言自明的美德。阿格尔聚焦于政治话语、经济及社会组织在资本主义发达阶段是如何成为支配工具的，并受到马克思所说的"虚假意识"的推动，反过来又推动了"虚假意识"。

总而言之，阿格尔把阿克曼、哈贝马斯等人的"对话"概念，从纯粹的人际交谈扩展到包括人与自然以及人与符号之间的关系。在重构"对话"概念的基础上，阿格尔也拓展了法兰克福学派批判理论的对话维度。阿格尔重构后的"对话"概念，还指出了人们内在地具有包括解读与写作文本在内创造世界的活动能力，从而能够完成这种对话的相应任务，进而从对社会宿命的误解中解放出来。这对西方马克思主义对话理论的发展，具有重要的理论贡献。不过，阿格尔的对话观也带有些许理想主义的色彩。

第三节　平等对话的共同体

平等对话，是阿格尔在构想超越了"快速资本主义"的社会主义时的理论视角和重要原则。阿格尔对"快速资本主义"的批判与解构，已经包含了他对资本主义社会等级制压迫下不平等、不自由、不民主、不公正等社会现实的强烈不满。阿格尔不仅确信平等对话"预示了一种社会主义未来"❶，也认为"对快速资本主义的解释性探讨，必然会理解这种探讨自身的政治目的和情感。不但要对关涉作者本意的重写本追根溯源，而且要把创作性公开于由平等对话者所构成的一般共同体"❷。可见，这种共同体，也就是平等对话的共同体。

一、平等对话的共同体蕴含了善、民主、自由等价值取向

善，是人类务必倡导的崇高价值。哈贝马斯认为，仅仅就追求启蒙性共识本身而言，对话也是一种善。阿格尔完全同意哈贝马斯的这种看法。因为作为平等对话的交往，是美好社会的一种规范性原则，所以其本身就值得坚持。在阿格尔看来，没有公共话语，民主就要覆灭。没有平等对话，专业知识的权威容易沦为惩戒性知识而完全自我繁殖，就不会受到挑战。因此，批判理论必须超越尼采的消极主义，而走向对美好社会的建构。对话既是一种规范性原则，也是一种具体性实践。阿格尔认为："一个美好的社会从来都不会满足于现状，它需要以民主对话的形式重塑善。"❸

在阿格尔平等对话的视域里，善"既是未受限制（unconstrained）的谈话，也是这种谈话所塑造的存在秩序"❹。对话不仅关乎人们所追求的善，也关乎人们所向往的自由。通过对马克思社会主义思想的解读，阿格尔设想在平等对话的共同体那里，"平等对话主体之间的讨论，既是一个过程也是一种结果。马克思原本意义上的社会主义不仅是一种个体自由，也是一种主体间的自由。身处其中的写作，恳求其他版本的文雅矫正"❺。由此可见，在阿格尔看来，超越了"快速资本主义"的社会主义社会，不管对它如何命名和称呼，都必须追求

❶ BEN AGGER.Fast Capitalism：A Critical Theory of Significance［M］. Champaign：University of Illinois Press，1989：80.

❷ BEN AGGER.Fast Capitalism：A Critical Theory of Significance［M］. Champaign：University of Illinois Press，1989：82.

❸ BEN AGGER.A Critical Theory of Public Life：Knowledge，Discourse and Politics in an Age of Decline ［M］. London/ Philadelphia：Falmer Press，1991：3.

❹ BEN AGGER.Fast Capitalism：A Critical Theory of Significance［M］. Champaign：University of Illinois Press，1989：111.

❺ BEN AGGER.Fast Capitalism：A Critical Theory of Significance［M］. Champaign：University of Illinois Press，1989：80.

民主、自由、平等、正义。

阿格尔多次批评马克斯·韦伯明确地替那种基于劫掠自然、精英对受限制符号编码的垄断、工业社会中官僚化组织普遍性的技术统治意识形态辩护。在他看来，马克斯·韦伯把官僚制辩护为经济效率的伴娘，完全是为交往能力的区别性分配而辩护。对马克斯·韦伯来说，资本主义效率的"合理性"标准规定了对劳动加以严格的官僚化组织。在"西方马克思主义"及左翼女权主义的传统的基础上，人们不仅可以获得那些以前严格的符号编码能力，也可以或多或少自发地参与家务及工作场所的合作性及非官僚化的管理。人们在那里很容易地转换角色，并积极地协调这些不同角色的组合与变换。阿格尔还指出，平等对话使人们相信技术统治的资本主义是不合法的，从而也可以通过看穿科学主义意识形态的强迫性阻碍，重新获得他们的决策发言权。"一旦对话本身完全从技术统治下那种把它归结为一种支配工具的世界观中解放出来，人们就可以用新的方式参与世界及彼此交往。"❶平等对话就使得人们不仅是进行共同的商谈，进行原来只有精英才能做的政治决策，还可以一起和谐地写作与工作，进行人类自身的再生产及创造性地实现塑造自然的深度生存需求。对话能力在此意义上完全就是人们管理生活的一种能力。

阿格尔认为，一旦人们超越了那种仅仅表达对资本主义政治不满的能力，并且一旦从那种要求人们把所有决策职能都让渡于精英的技术统治意识形态迷惑力中解放出来，而讨论如何变革性地使用关涉劳动的科学及技术，那么人们的平等对话能力就可以被划分为三种相互关联的能力类型。❷第一种是工具性能力。这种能力是作用于自然的能力，其方式是既要通过融合工人劳动中的生产性、再生产性及创造性为一体而使劳动更人性化，也要尊重外部自然的身份，把它看作一个对话的伙伴。第二种是认知与文本读写能力。它是指掌握及应用由认知及文本所支撑的复杂技术符号与社会经济角色，从而使人们更易适应社会劳动分工及性别劳动分工的能力。第三种是组织能力。它是指可以让人

---

❶ BEN AGGER.Fast Capitalism: A Critical Theory of Significance [M]. Champaign: University of Illinois Press, 1989: 172.

❷ BEN AGGER.A Critical Theory of Public Life: Knowledge, Discourse and Politics in an Age of Decline [M]. London/ Philadelphia: Falmer Press, 1991: 172.

们合作地协调他们不同的生产关系，而不用屈服于管理精英的官僚制管理。

二、平等对话的共同体意味着对读写等诸多方面的解放性建构

文本不仅仅是信息单位，也是作者在向读者描述他们的现实生活。阿格尔一贯强调，一个崇尚对话的公共领域，需要人们知道怎样去阅读与写作。因此，基于平等对话的读写能力，就被纳入左翼激进主义的议程。一旦具备这种读写能力，人们将更好地进行文化交往。社会主义必须运用读写上的对话，以便于实现人与人之间、人与社会之间、人与自然之间的解放。在吸收德里达"解构"思想和马尔库塞"新科技"思想的基础上，阿格尔这样写道："在着手解读和写作这个世界，且写作也希望自我矫正和完善的时候，理论和实践的距离开始缩短。一种文学性的科学，一旦做出自己独特的理解，就与那些对世界持有不同看法的他人开启了对话，进而一同创造一个更美好的共同体。"[1] 正是因为借鉴了哈贝马斯的社会交往理论，阿格尔所说的蕴含了对话的"批判"暗示了未来的社会秩序，与哈贝马斯在其所构想的理性交谈情境中对美好社会做出的揭示，有异曲同工之处。

阿格尔认为，人们在平等对话的共同体里所做的事情不仅仅是交谈，因为它倾向于把自身关联到一个对无支配事物法则做好立场准备的公共领域。尽管有时候为了民主政治，就必须撤退、改造、重建，但"批判的共同体"在那些时候起到保护作用。"当我们在快速资本主义中无法理解何为公共的解读与书写时，这尤其重要。通过对文本与吞噬了文本的当今世界加以重新划界，共同体中的批判有助于我们重新找到我们的发言权。批判要完成对货币、科学、高楼及数字加以描述的重要分析工作。在让这些文本说出它们在快速资本主义中没有说的内容时，批判与建构走到了一起。"[2] 这样一来，平等对话的共同体以其对话性互惠原则取代风行于"快速资本主义"中的惩戒律令。

---

❶ BEN AGGER.Fast Capitalism：A Critical Theory of Significance［M］. Champaign：University of Illinois Press，1989：27.

❷ BEN AGGER.Fast Capitalism：A Critical Theory of Significance［M］. Champaign：University of Illinois Press，1989：143.

在平等对话的共同体拒绝了完全基于特定目的而压制理性的惩戒律令时，其自身成为一种替代性的社会组织模式。借助于民主对话，"批判指出教条只是一种读写实践，从而可以对之加以叙事性的矫正，进而把它的文化欺骗转化为一种建构性的政治理论"❶。这种新的民主政治理论，暗示了一种更理性的民主政治基础的文本间性模式。在惩戒实现等级制化和去作者化的地方，民主对话则相反地体现了民主化和作者化。平等对话，内在地把真理描述为社会中日常政治理性的可矫正产物，从而在这个社会中提供对话的机会，实现理智的共享。真正的共同体需要一种意义的自我生成场所，而这种意义借助于文本间性生成与再生成。

因此，阿格尔所说的平等对话，不仅像哈贝马斯那样注意到民主化的对话机会之于学习与科技专业知识占有者进行政治对话的重要性，也像马克思及包括马尔库塞在内的法兰克福学派理论家那样意识到要把对话自身加以激进的重构，从而使之不仅包括人际对话，还包括人们与文本、文化生产及外部世界进行的生产性介入的对话及这些生产性介入之间的彼此对话。在布鲁斯·阿克曼认识到对话具有去合法性潜力，以及哈贝马斯认识到失败对话的民主化潜力及动员潜力的基础上，阿格尔认为在政治对话的批判现象学中还存在更进一步的阶段。他称之为推动重构，包括人与人之间的及人类与自然之间的，既涉及文本性也涉及技术的所有对话。❷ 阿格尔关于进一步发展政治对话变革潜力的洞见，受到批判性后现代主义及左翼女权主义理论的启发，而上述理论都强调了文本性政治。

三、平等对话的共同体还蕴含着各种劳动的解放

阿格尔重构后的"对话"概念，认为基于那种融合了生产性、再生产性及创造性的劳动，保留了马克思主义的及左翼女权主义的劳动解放的目标。阿格

❶ BEN AGGER.Fast Capitalism: A Critical Theory of Significance [M]. Champaign: University of Illinois Press, 1989: 143.
❷ BEN AGGER.A Critical Theory of Public Life: Knowledge, Discourse and Politics in an Age of Decline [M]. London/ Philadelphia: Falmer Press, 1991: 168.

尔所说的"对话"强调了内在于全面自我外化能力展露的变革可能性，不再局限于交谈而是包括生产、再生产、文本、技术及组织上介入的所有方面。人们不仅可以学习政治交谈，如同哈贝马斯强有力地指出的那样把它作为在资本主义技术统治阶段对失败对话的回应，而且可以从事劳动、建立亲密关系、进行写作，从而保持人类与自然的非对抗性关系，进而让人们享受到工作既是生产性的也是创造性的活动，克服自由与必然的二元对立。

结构性公共压制在技术统治的资本主义中的最不利后果是，以制度使人们不能建立生产关系、再生产关系及参与劳动组织。人们的自我表现及想象力，在发达资本主义社会中是一个绝对重要的必需品。如同巴兹尔·伯恩斯坦（Basil Bernstein）和保罗·弗莱雷（Paulo Freire），阿格尔也指出，符号编码与文化产品市场越是受到严格限制，人们在面对处于优势的科技专业知识时就越是无力。阿克曼和哈贝马斯之所以都忽视了受到限制的符号编码的重要政治特征，是因为前者只关心清晰的辩护性对话，后者把交往实践与科技世界的符号编码加以严格区分。鉴于阿克曼与哈贝马斯都没有评价对话能力假设是如何预先假定了一种更深层的理解与运用符号的能力，阿格尔就主张人们的对话能力"不仅要包括政治交谈能力，还要包括掌握各种生产关系、再生产关系、文本关系、技术关系及社会关系的能力"❶。

平等对话，为人们的劳动解放提供了一个例外的甚至是更为有力的成分，从而可以进一步支持阿克曼的对话战略及哈贝马斯的对技术统治意识形态的批判。平等对话不仅可以扩展到人与自然之间的非对抗性关系，把劳动的前景揭示为真正的创造性实践，也可以服务于开启劳动分工中以前被限制的及官僚制管理的职能。这就延承了一些西方马克思主义者的批判传统，即对实现马克斯·韦伯所说的强制性协调的官僚制的严重专业化及组织化提出尖锐批判。如果把劳动加以对话地重构，人们将不仅享受与自然的"对话"，从而把自然的"需求"融合在人们自己的需求计划中，而且学会掌握和执行一系列以前被局限于资本主义社会精英的职能。在此基础上，发展出那些不是依赖于官僚制的沟通及协调的，而是依赖于有对话能力的所有劳动者的对话组织及对话的公共

---

❶ BEN AGGER.Fast Capitalism：A Critical Theory of Significance［M］. Champaign：University of Illinois Press，1989：171.

领域。

阿格尔主张的平等对话,因此而包含了三重不同却又相关的价值允诺,以指向自然、符号系统及社会角色的解放。❶ 这其中更重要的意蕴在于把自然当作一个对话伙伴,尽管自然是一个沉默的伙伴。如同马尔库塞得意弟子威廉·莱斯(William Leiss)提出了"易于生存的社会"❷,阿格尔也提出了人与自然之间的对话关系,指出人们在这种关系中以一定的美学标准来调节自然、尊重自然,从而留给子孙一个没有被劫掠及破坏的自然。"人们将会认识到自身的社会自由,在很大程度上依赖于调控自然,而不是剥削自然。"❸ 这也意味着,在人们的内在自然与外在自然之间,不能像沿袭笛卡尔等传统的哲学家那样,力图划定一个十分清晰的界限。在人类事业中,平等对话的解放意蕴,既关系到复杂的符号系统及职业角色,也关系到人际以及人与自然之间的同伴关系。这就不但预示了与自然的崭新关系,也预示了一整套崭新的生产关系及再生产关系。

如果说哈贝马斯所预示的把处于劣势地位的人们的交往能力修复视为失败对话的一种结果,并为他们提供重新发现超越自我理解而成为理性交谈者的机会,那么阿格尔认为这是政治对话现象学的最后阶段。人们在那里学习娱乐与沟通,从而实现马克思早期意义上的劳动者的真正支配。"这个最后阶段浮现于人们不需要接受结构性压制,而可以合法地进入那些曾经专属于精英的公共对话及公共写作的动员性顿悟。超越了这种动员性顿悟,他们实现的不仅是进入到了这种对话,而且可以从事一系列社会的、文本的及技术的变革活动。"❹要知道,这些活动在以前是被服务于资本主义及性别劳动分工的那种结构性压制所排斥的。

---

❶ BEN AGGER.A Critical Theory of Public Life:Knowledge,Discourse and Politics in an Age of Decline[M].London/ Philadelphia:Falmer Press,1991:171.

❷ [加]威廉·莱斯.满足的限度[M].李永学,译.北京:商务印书馆,2016:121.威廉·莱斯也是生态学马克思主义流派的主要代表性人物,他对阿格尔的生态学马克思主义思想的形成产生了重要影响。

❸ BEN AGGER.A Critical Theory of Public Life:Knowledge,Discourse and Politics in an Age of Decline[M].London/ Philadelphia:Falmer Press,1991:170.

❹ BEN AGGER.A Critical Theory of Public Life:Knowledge,Discourse and Politics in an Age of Decline[M].London/ Philadelphia:Falmer Press,1991:168.

阿格尔坚信人们进入政治对话之后，可以最终导致进入对政治、经济、文化、性别及社会活动的自我管理之中。在阿格尔看来，虽然这一愿景的表达贯穿于诸多社会主义者的社会主义构想中，但哈贝马斯却没有实现对与科技精英进行政治对话的交往能力的创造性重建，而这类交往过去受到诸多限制。这是因为哈贝马斯严格地从交往行动中区分出了工具活动，从而使他看到的只是人际交往关系的重建，而看不到在生产性劳动领域中重建人与自然关系的丝毫可能，难以发现人们尽力完全决定卓越地利用科技及劳动的工具合理性。因此，哈贝马斯未能理解对话机会的民主化还可以最终实现劳动、技术、文本性及公共对话的民主化及实质性重建。这用马克思的话来说，就是有助于生产关系与生产方式的变革。

阿格尔也指出不能仅仅用理性主义者的视角来看对话者之间的话语性交谈，而且还要把对话视为与自然及他人之间进行的文本性劳动及生产性劳动。在阿格尔看来，布鲁斯·阿克曼提出的"如果我不做，你会怎么办？"这一问题，是哈贝马斯随之对技术统治意识形态进行批判的基础。"这最终会导致体现了激进社会变革的全面运动，而这些全面运动所涵盖的公众欲望不仅仅是民主的谈话本身，还有民主化的生产与再生产活动。"❶借助于利用马克思最初对生产性活动与创造性活动的统一的想象，阿格尔所深化的"对话"概念，暗示了平等的对话关系是社会主义的必然要求。也就是说，平等对话通过劳动及写作而存在于人类与自然的关系之中，也可以存在于人际关系中，并民主地处理那些借用先进技术而提供的剩余产品。

总而言之，阿格尔认为人们通过平等对话既可以走向新的共同体，从而在平等对话的共同体中实现人与人、人与自然、人与社会、人与符号等多重关系的全面解放。平等对话的共同体，必然是开放互鉴、包容共建、和平安全、和谐共生的共同体。阿格尔的平等对话共同体思想，尽管其本身还需要更严密的论证，还存在语焉不详的思想局限，但也为社会主义建设和人类命运共同体构建提供了积极的启示。

---

❶ BEN AGGER.A Critical Theory of Public Life: Knowledge, Discourse and Politics in an Age of Decline [M]. London/Philadelphia: Falmer Press, 1991: 168.

结　论

我们从前面章节的论述中可以发现，总体上看，阿格尔剖析"快速资本主义"的理论旨趣在于，力图建构新的文本解读观以批判当代资本主义意识形态、揭示当代资本主义公共领域的新变化以重塑民主政治、对当代资本主义展开经验研究以发展法兰克福学派的批判理论。其实，这就是阿格尔型构"快速资本主义"思想时所要实现的三重目标。那么，阿格尔在实现这三重目标的过程中有何理论上与实践上的贡献与不足？

一、提出新的文本解读观，对当代资本主义意识形态批判有所洞见

确认当代资本主义意识形态是否存在，是对之加以批判的前提。至于当代资本主义意识形态是否存在，有一种颇具影响的看法就是"意识形态终结论"。如果说亨利·艾肯（Henry`Aiken）在撰写 19 世纪哲学史时把 19 世纪称为"意识形态的时代"的话，那么在 20 世纪五六十年代西方却出现了一股"意识形态终结"（the End of Ideology）的思潮。❶ 这一思潮是在拉蒙德·阿隆（Raymond Aron）、爱德华·希尔斯（Edward Shils）、西摩·马丁·李普塞特（S.M.Lipset）、丹尼尔·贝尔（Daniel Bell）等社会学家中酝酿、形成的。这种思潮主要出现于希尔斯的《意识形态终结》（1955）、贝尔的《意识形态终结：50 年代政治观念衰微之考察》（1960）和李普塞特的《政治人：政治的社会基础》（1960）等著作中。紧随其后，在当代资本主义社会中的诸多右翼势力大肆鼓吹"意识形态终结论"的时候，西方一些左翼人士也纷纷放弃自己的激进

---

❶ 俞吾金 . 意识形态论［M］. 北京：人民出版社，2009：263.

立场，从而造成严重的思想混乱。

　　作为西方马克思主义立场坚守者的阿格尔，明确提出要坚决回击丹尼尔·贝尔等人提出的所谓"意识形态终结论"，指出"意识形态终结论"本身就是为当代资本主义服务的意识形态。❶ 阿格尔在《支配的话语：从法兰克福学派到后现代主义》（1992）一书的结尾处写道："超越贝尔！意识形态还没有终结，它一直笼罩着我们。意识形态以各种日常生活中的话语，尤其是那种劝诱人们相信事实拜物教的实证主义，一直影响着我们。然而，如同马尔库塞在《单向度的人》中令人信服地指出的那样，单向度性不是处于历史之外的。因此，当人们抓住了'变革的机会'时，单向度性是可以被打碎的。只要人们采取包括女权主义、反种族主义、环境主义、反核主义在内的新社会运动的斗争形式，当下还是存在生活变革的现实可能性。马尔库塞也许是这些人中第一个认识到这些抵制形式是与政治相关的。他应该像哈贝马斯那样去理论化这些新社会运动，这是理论家在多年以前就应该做的工作。在此要说的是，意识形态起到了把社会支配加以掩盖与合法化的作用，它只能随着社会支配的结束而结束。意识形态一旦被转译为受到政治影响的话语与实践，它现在像往常一样还是可以被揭露的。"❷ 阿格尔对"意识形态终结论"坚决回击的行为，揭示了"意识形态终结论"的荒谬，在一定意义上捍卫了马克思主义。这其中的主要原因，不仅在于阿格尔是为了直接回敬贝尔对他的指责 ❸，也在于"意识形态终结论"本身就是谬论。

　　从上段引文还可以发现，阿格尔不仅指出了在"快速资本主义"中意识形态非但没有像贝尔等人所鼓吹的那样已经终结，反而较之以往更为弥散，他也指出必须采用新的方式将之揭露，以正视听。为此，阿格尔提出一种新的文本

---

❶　BEN AGGER.Fast Capitalism：A Critical Theory of Significance［M］. Champaign：University of Illinois Press，1989：54.

❷　BEN AGGER.The Discourse of Domination：From the Frankfurt School to Postmodernism［M］. Evanston：Northwestern University Press，1992：305-306.

❸　阿格尔在《性别、文化和权力：走向女权主义后现代批判》（1993）一书的第156页写道："意识形态终结的假定，自我服务地结束了意识形态，就像贝尔（1960）那样（当然，贝尔希望伪装他真实的政治意图：他最近给我一个批评，挖苦我揭露了他作为新保守主义的那种表面上的新自由主义。我明显地引起了一阵轰动！）。"由此可见，丹尼尔·贝尔曾点名批评阿格尔对其相关观点的质疑，认为阿格尔的质疑是不合理的。

解读观，以便把诸如货币、科学、高楼及数字之类非传统的新型"文本"加以理论化，然后以更好的术语将它们解构并重新描述。概括地说，阿格尔的文本解读观的要点是：强调货币、科学、高楼及数字之类的新型"文本"，实质上就是新型的意识形态；指出这些"文本"把"快速资本主义"的社会当下冻结为一种不可颠覆的永恒的社会存在；必须解读那些被草就而弥散到特定文化载体和自然物中并希望能生存下来而不被批判性反思的符码；把文本性概念扩展为一个更具政治意蕴的物质实践概念，批判"快速资本主义"的即时性特征，为民主而战；鉴于思维的官僚制化助长了一种范畴化的无意义，批判性文本要和其他文本加以对话，以便更好地反对官僚制大学中强加在思想上的惩戒，从而把话语的可矫正性视为一种构想未来的方式。

阿格尔的文本解读观对于解读当代资本主义意识形态的存在方式及其作用机制具有积极贡献。具体来说，阿格尔不但指明了意识形态在后现代资本主义的新变化，而且认为意识形态不再仅仅局限于以纸质书籍的传统方式呈现出来，从而导致意识形态无处不在，人们始终生活在意识形态的笼罩之中；阿格尔在意识形态批判的层面上综合了马克思的货币批判思想、马尔库塞和哈贝马斯的科技批判思想、米歇尔·福柯的监狱批判思想、大卫·哈维（David Harvey）的空间批判思想 ❶、霍克海默和阿多诺的数字批判思想，指出了这些思想在后现代资本主义意识形态批判方面的理论共性；如果说后结构主义通过对文本的互读揭示出了文本的可矫正性，特里·伊格尔顿（Terry Eagleton）的文化批评直指文本背后的意识形态，弗雷德里克·杰姆逊（Fredric R. Jameson）指出文本叙事具有政治意蕴，赫伯特·马尔库塞认为"单向度性"可以打碎，那么阿格尔在整合这些思想的基础上主张激进地解读各种"文本"背后的意识形态及其隐藏的政治目的，并主张积极地将之加以改写；阿格尔把后现代资本主义的意识形态理解为一种"文本"现象，既强调了意识形态的物质性，也保留了意识形态在本质上对意义（Significance）的关注。由此可见，在西方马克

---

❶ 大卫·哈维（又翻译为戴维·哈维），其空间批判思想主要集中在其《社会正义与城市》《后现代状况》《希望的空间》等著作中。哈维认为，后现代主义这一文化形式，导致一种更加灵活的资本积累方式和资本主义体制新一轮的"时空压缩"，带来了新的时空体验。哈维从社会生活、社会力量资源、启蒙运动规划、后现代主义文化力量、后现代艺术等多个方面，描述了这种新的时空体验，考察了时间优先于空间进而造成时空分裂的历史。

思主义的意识形态批判领域，应该有阿格尔的一席之地。

毫无疑问，我们应该也必须肯定阿格尔对当代资本主义的意识形态批判，从而促进马克思主义意识形态理论研究的积极做法。这是因为，深化意识形态研究，是深化历史唯物主义研究的一个重要方向。❶ 1890 年 8 月 5 日恩格斯在致信康·施米特时就已经向马克思主义的追随者提出了这样的热切希望，那就是"必须重新研究全部历史，必须详细研究各种社会形态存在的条件，然后设法从这些条件中找出相应的政治、私法、美学、哲学、宗教等等的观点。在这方面，到现在为止只做了很少的一点工作，因为只有很少的人认真地这样做过。在这方面，我们需要人们出大力，这个领域无限广阔，谁肯认真地工作，谁就能做出许多成绩，就能超群出众"。❷

作为马克思主义者的列宁，就在马克思主义意识形态理论方面超群出众。列宁的意识形态学说，是马克思主义意识形态学说在 20 世纪复兴的最重要标志。列宁不仅继承了马克思意识形态学说的基本精神，而且根据 20 世纪初俄国革命的实践需要和理论需要，提出了无产阶级的意识形态是阶级性和科学性辩证统一的重要观点。❸ 在列宁之后，尽管卢卡奇等人开创的"西方马克思主义"的意识形态理论与列宁的意识形态理论存在一些分歧，甚至还具有一些理论上的缺陷，但"西方马克思主义"毕竟随着时代的发展而不断地思考资本主义的意识形态变化，做出了一些积极的探索。阿格尔继承了"西方马克思主义"，尤其是法兰克福学派的意识形态批判理论传统，从意识形态弥散的角度出发，指出资产阶级意识形态在后现代主义社会里无处不在、无孔不入，批判了"快速资本主义"的意识形态。阿格尔的这一理论探索，也无疑具有积极意义。

但问题在于，阿格尔自己所提出的意识形态批判理论，是否还存在一些局限？根据历史唯物主义，无论是物质力量还是精神力量，都不可能通过单纯的精神上的批判加以消除。在马克思和恩格斯看来，破解作为"虚假意识"的意识形态的根本出路，乃是废除资本主义私有制的革命实践，只有革命实践才能

---

❶　俞吾金.意识形态论［M］.北京：人民出版社，2009：154.

❷　［德］马克思，恩格斯.马克思恩格斯文集（第 10 卷）［M］.北京：人民出版社，2009：587.

❸　俞吾金.意识形态论［M］.北京：人民出版社，2009：203.

最终摧毁传统意识形态的物质基础，从而也扬弃这种意识形态本身。也就是说，要彻底地理解和改造"快速资本主义"的意识形态，必须从废除资本主义私有制入手，而不是简单的理论批判。尽管在实践批判的基础上，理论批判确实必要，但这种批判只有立足于现实生活，才是真正有生命力的。如果批判本身仍然漂浮在观念中，那充其量不过是用一种"虚假意识"去取代另一种"虚假意识"而已。❶

虽然阿格尔在批判"快速资本主义"时，不仅探讨要积极破除那种常常殖民化整个社会领域的商品化的交换价值网络，也指出"快速资本主义"的等级制支配加速了生产的流通与消费，但由于过分强调意识形态的相对独立性，从而导致阿格尔的意识形态批判理论没有触及废除资本主义私有制这个根本点，进而使得他对"快速资本主义"社会意识形态的批判，如同马尔库塞等诸多西方马克思主义者那样，不可避免地带有空想主义色彩。

二、揭示资本主义社会公共领域变化，对民主政治的对话意涵有所丰富

20 世纪八九十年代，与"意识形态终结论"相伴的"政治终结论"也在西方资本主义社会甚嚣尘上。弗朗西斯·福山（Francis Fukuyama）先是于 1989 年在美国新保守主义期刊《国家利益》上发表了一篇题为《历史的终结？》的论文，随后又在这篇论文的基础上于 1992 年出版了《历史的终结和最后的人》一书。该书传达的主要信息是，西方资本主义的自由与民主理念已经无可匹敌，历史的演进过程已经基本完成。也就是说，福山错误地认为西方的自由民主制度已经是人类政治的最佳选择。

"政治终结论"的鼓吹者，主要是新保守主义者和那些不具批判性的后现代主义者、后现代女权主义者。阿格尔着重探讨了那些不具批判性的后现代主义者、后现代女权主义者的相关谬论。他在《支配的话语：从法兰克福学派到后现代主义》（1992）一书中，把后现代主义区分为作为资本主义意识形态的

---

❶ 俞吾金 . 意识形态论 ［M］. 北京：人民出版社，2009：145.

后现代主义和作为否定资本主义的批判理论的后现代主义。在此基础上，阿格尔极力反对作为资本主义意识形态的后现代主义的政治终结观。他说："西方后现代所'解读'的'文本'就是全球现代化——所有末世学预言的真正历史终结。这种视当下为永恒存在的观点不仅高估了当下的辉煌，而且预先关闭了激进干预的可能性。历史的终结，也是希望的终结及乌托邦想象力的终结。主流形式的后现代主义，既充满激情地欢呼事情是多么的美好，也贬斥以各种乌托邦形式仍在地球上寻找美好未来的激进元叙事是多么的过时。"❶ 阿格尔随之指出，"政治终结论"只是"以华丽的外衣掩饰了真正的目的"❷。这是因为，资本主义政治在"快速资本主义"社会中实际上并没有终结。

　　阿格尔不仅反对"政治终结论"的荒谬，也探讨了后现代资本主义社会中政治所涉及的公共领域变化问题。阿格尔说："公共领域的变化直接就是一个政治问题。"❸ 其实，在后现代资本主义社会中公共领域变化问题的探讨上，比较有影响力的是，理查德·森尼特（Richard Sennett）探讨了公共"人"的衰落（the decline of public "man"），克里斯托弗·拉什（Christopher Lsach）探讨了自恋主义文化（the culture of narcissism）❹，马克斯·霍克海默探讨了理性衰落（the eclipse of reason），哈贝马斯探讨了公共领域日益被支配性管理规范所殖民化（colonized）。这些探讨指出，对公共问题加以辩论的合理论坛的丧失，致使可以用来进行建构性争论及批判的公共空间及公共话语衰落。阿格尔在该问题上的贡献在于：既借助于思考那些管制性工具出于社会支配的原因，而把人们"私人化"，也通过理解作为批判性的抵制以及辩证的想象之可能媒介的文本性，是如何不能保持独立而发挥作用。也就是说，一旦公共领域被错误地管制，人们就丧失了以与世界保持距离的方式来描述它的能力。在事物成为无字的书籍的时候，人们便开始对有字的书籍无思考地随意阅读。

---

❶　BEN AGGER.The Discourse of Domination：From the Frankfurt School to Postmodernism［M］.Evanston：Northwestern University Press，1992：286.

❷　BEN AGGER.The Discourse of Domination：From the Frankfurt School to Postmodernism［M］.Evanston：Northwestern University Press，1992：296.

❸　BEN AGGER.Fast Capitalism：A Critical Theory of Significance［M］.Champaign：University of Illinois Press，1989：5.

❹　［美］克里斯托弗·拉什.自恋主义文化：心理危机时代的美国生活［M］.陈红雯，吕明，译.上海：上海译文出版社，2013.

　　阿格尔既没有因为后现代主义民主政治的匮乏而悲观失望，也没有因为自己遭受后现代资本主义权力直接压制而回避现实的政治。阿格尔在《快速资本主义：关于意义的批判理论》（1989a）中写道："如果我们不能把自身与更大的公共领域以及历史联系到一起，自主性就会被仅仅体验为疏远，甚至是孤立。每一种反抗都存在很多风险——淹没无闻、不受欢迎，更有甚者——监禁、贫困及死亡。我本人为此付出的代价是，一次被解雇和一次差点被解雇。出现这两次情形的原因，关键在于政治。"❶ 即便是在此情形下，阿格尔也始终坚称自己是一个马克思主义者，保持着对马克思主义的信仰和对民主政治的积极追求。这对于一个北美左翼知识分子来说，的确难能可贵。同时，阿格尔还相信，后现代资本主义的"权力虽然采取了像马克思这样以往的激进批判者所未曾想象到的新形式，但这不意味着权力是牢不可破的"。❷ 如前文所述，阿格尔积极主张通过平等对话的方式，来打破后现代资本主义社会的权力支配，进而建构民主的自由的对话共同体。

　　应该承认，阿格尔对当代资本主义社会公共领域变化的探讨、对通过平等对话来建构民主政治的思考均具有积极意义。但与此同时，我们也必须指出阿格尔在相关问题上的理论局限，那就是阿格尔既没有深究当代资本主义公共领域变化的最终根源所在，也没有找到改造当代资本主义政治的最终出路。这其中的根本原因还是在于，阿格尔错误地认为马克思主义过于强调经济基础的根源性作用，这就导致阿格尔走上了乌托邦的对话之路。其实，这与阿格尔对当代资本主义意识形态的批判不够深刻的原因是一致的。应该说，无论是资本主义社会意识形态的变化，还是资本主义社会公共领域的变化，它们的根源都在于资本主义社会生产方式和交换方式的变化。只有坚持唯物政治观和政治辩证法，才能真正洞悉包括公共领域变化在内的整个资本主义社会的政治变迁。❸

　　马克思早就说过："人们在自己生活的社会生产中发生一定的、必然的，不以他们的意志为转移的关系，即同他们的物质生产力的一定发展阶段相适应

---

❶　BEN AGGER.Fast Capitalism：A Critical Theory of Significance ［M］. Champaign：University of Illinois Press，1989：138.

❷　BEN AGGER.The Discourse of Domination：From the Frankfurt School to Postmodernism ［M］. Evanston：Northwestern University Press，1992：297.

❸　王沪宁. 政治的逻辑：马克思主义政治学原理［M］.上海：上海人民出版社，2004：24.

的生产关系。这些生产关系的总和构成社会的经济结构，即有法律的和政治的
上层建筑竖立其上并有一定的社会意识形式与之相适应的现实基础。物质生
活的生产方式制约着整个社会生活、政治生活和精神生活的过程。不是人们的
意识决定人们的存在，相反，是人们的社会存在决定人们的意识。社会的物质
生产力发展到一定阶段，便同它们一直在其中活动的现存生产关系或财产关系
（这只是生产关系的法律用语）发生矛盾。于是这些关系便由生产力的发展形
式变成生产力的桎梏。那时社会革命的时代就到来了。"❶因此，阿格尔只是希
望通过平等对话，而不是通过根本改变资本主义社会经济结构的方式，来重建
当代资本主义的公共领域和建构民主政治的看法，在理论上和实践上都是有内
在局限的。

　　此外，在探讨资本主义民主政治重建时，阿格尔并没有正确评价工人阶级
与无产阶级政党在其中不可忽视的作用。阿格尔之所以"要修正马克思关于政
治上组织起来的工人阶级模式"❷，是因为他认为，"马克思没有理解为什么资
本主义崩溃以后出现一个新的社会秩序，他没有理论化处于结构动力与意识之
间的政治感性。资本主义之所以能够幸存，是因为工人没有把工资性劳动的不
安全转化为预示一种新社会存在秩序的可感知言语"❸。如果说阿格尔认为随着
资本主义的发展，与时俱进地发展工人阶级进行政治斗争的方式方法是无可厚
非的，那么阿格尔关于马克思没有很好地理解资本主义崩溃以及社会主义产生
的原因的看法，则是阿格尔自己没有很好地理解马克思的唯物史观，从而误解
了马克思。这是因为，马克思早就说过："无论哪一种社会形态，在它所能容
纳的全部生产力发挥出来以前，是决不会灭亡的；而新的更高的生产关系，在
它存在的物质条件在旧社会的胞胎里成熟以前，是决不会出现的。"❹

---

❶　[德] 马克思，恩格斯. 马克思恩格斯文集（第 2 卷）[M].北京：人民出版社，2009：591.

❷　BEN AGGER.The Discourse of Domination：From the Frankfurt School to Postmodernism [M]. Evanston：
　　Northwestern University Press，1992：235.

❸　BEN AGGER.The Discourse of Domination：From the Frankfurt School to Postmodernism [M]. Evanston：
　　Northwestern University Press，1992：237.

❹　[德] 马克思，恩格斯. 马克思恩格斯文集（第 2 卷）[M].北京：人民出版社，2009：592.

三、展开经验研究，对法兰克福学派的批判理论有所发展

对法兰克福学派批判理论的继承与发展，是阿格尔整个学术生涯的不懈追求，甚至也是他整个学术思想的主要特征。阿格尔希望通过开展关于后现代资本主义中意识形态化社会文本的经验研究，以发展法兰克福学派的批判理论。阿格尔所说的"快速资本主义"，主要聚焦于后现代资本主义社会文本及其影响。围绕该主题，阿格尔注意到了以下经验现象：自马克思以来，甚至自从《启蒙辩证法》出版以来，当代资本主义的意识形态发生了很大的变化；批判性的公共书籍的衰落，意味着用以思考、描述、写作资本主义世界的能力急速消退；一般性的写作在"快速资本主义"那里只是在模仿或复述这个后现代资本主义，几乎成为简单的处方或标语，而无须人们去深入地解读、思考和介入；货币、科学、高楼和数字这些非批判性文本对读写能力的销蚀，助推了现在成为一种"文本"的外部环境可以迫使人们进行特定意义的解读，并成为人们相应的日常生活；批判性文本的衰落削弱了批判的可能性，从而也削弱了想象力。阿格尔认为，这些现象事实上都是经验过程，需要对之加以解读，从而建构出新的批判理论，使之成为法兰克福学派批判理论的经验性变种。❶

综观阿格尔在 20 世纪八九十年代的学术思想，可以发现，阿格尔通过对后现代资本主义的文化研究，先后提出要构建关于意义的批判理论❷、关于公共生活的批判理论❸、基于生活世界的批判理论❹、女权主义后现代批判理论❺。阿格尔之所以要建构这些理论，是因为他希望通过对后现代资本主义文化批判的经验研究，在继承法兰克福学派批判理论的批判性、综合性、开放性、人

---

❶ BEN AGGER.Fast Capitalism：A Critical Theory of Significance［M］. Champaign：University of Illinois Press, 1989：4.

❷ BEN AGGER.Fast Capitalism：A Critical Theory of Significance［M］. Champaign：University of Illinois Press, 1989：24.

❸ BEN AGGER.A Critical Theory of Public Life：Knowledge, Discourse and Politics in an Age of Decline［M］.London/ Philadelphia：Falmer Press, 1991：3.

❹ BEN AGGER.The Discourse of Domination：From the Frankfurt School to Postmodernism［M］.Evanston：Northwestern University Press, 1992：4.

❺ BEN AGGER.Gender, Culture and Power：Toward a Feminist Postmodern Critical Theory［M］.Westport, CT：Praeger Publishers, 1993：4.

道主义传统的基础上，推进法兰克福学派的批判理论"走向第三代"❶。客观地说，阿格尔对后现代资本主义的文化批判，也确实深化了法兰克福学派批判理论关于文化工业、社会支配、理性衰落、实证主义、技术统治、社会交往等诸多方面的研究。

应该肯定，阿格尔关于批判理论的发展需要注意经验研究的看法，是符合马克思主义要求的。如果脱离实际，把批判理论教条化、经院哲学化，批判理论就会出现倒退性的蜕变。因此，包括批判理论在内的整个马克思主义，必须密切考察实际生活。马克思和恩格斯一直教导人们，他们的学说不是教条，而是行动的指南。恩格斯在 1895 年 3 月 11 日致韦尔纳·桑巴特的信里写道："马克思的整个世界观不是教义，而是方法。它提供的不是现成的教条，而是进一步研究的出发点和供这种研究使用的方法。"❷ 列宁也坚持这样的观点，他在 1916 年致伊·费·阿尔曼德的信中指出："马克思主义的全部精神，它的整个体系，要求人们对每一个原理都要（α）历史地，（β）都要同其他原理联系起来，（γ）都要同具体的历史经验联系起来加以考察。"❸

《论策略书》中，列宁阐明无产阶级政党在确定斗争任务和活动方式时必须遵循马克思主义原则，也强调了马克思主义要注重经验研究。所谓的注重经验研究，就是应当对每个历史关头的阶级力量对比和具体特点做出经得起客观实际经验的分析，应该对根据客观事实之于政策制定进行科学的论证。列宁批评了那种把马克思主义理论当成"公式"去背诵和简单重复而不去研究生动现实的做法，指出理论只能讲出基本的、一般的东西，只能大体上概括实际生活的复杂情况，而马克思主义者必须考虑生动的实际生活，必须考虑现实的确切事实，而不应当抱住昨天的理论不放。❹

在肯定阿格尔注重批判理论和马克思主义的经验研究做法的同时，我们必须清醒地看到，阿格尔在后现代资本主义文化批判的经验研究上存在理论偏差。这种理论偏差的集中表现就是，阿格尔没有彻底地揭示出后现代资本主义

❶　BEN AGGER.Gender, Culture and Power: Toward a Feminist Postmodern Critical Theory [M]. Westport, CT: Praeger Publishers, 1993: 1.

❷　[德] 马克思，恩格斯.马克思恩格斯文集（第 10 卷）[M].北京：人民出版社，2009：691.

❸　[苏] 列宁.列宁专题文集（论马克思主义）[M].北京：人民出版社，2009：163.

❹　[苏] 列宁.列宁专题文集（论马克思主义）[M].北京：人民出版社，2009：166.

文化及其变迁的资本逻辑。阿格尔之所以会犯这样的理论错误,深层次的原因在于,阿格尔在进行相关经验研究时,没有从当代资本主义生产力与生产关系之间内在矛盾上澄清其经验研究的规范性前提。毫无疑问,一旦经验研究没有自我澄清规范性前提,就既难以避免在纷繁的经验丛林之中迷失方向,也难以避免在多样的理论丛林中陷入混乱。

阿格尔虽然立足于法兰克福学派的批判理论来发展批判理论,但阿格尔没有检视法兰克福学派批判理论大厦的牢靠性。不可否认的事实是,法兰克福学派因其理论特色和理论贡献而在西方马克思主义中具有极其重要的影响。但同样不可否认的事实是,法兰克福学派成员在重建历史唯物主义时不同程度地偏离了对历史唯物主义的守正。作为法兰克福学派批判理论继承者和发展者的阿格尔,尽管在每一次重建法兰克福学派批判理论时都指出它所面临的一些挑战和理论局限,但他始终都没有质疑它对辩证唯物主义和历史唯物主义的不当偏离,甚至还在一定程度上认为这种不当偏离是"必要的"理论修正。这就必然导致阿格尔所发展出来的批判理论,不管它多么新颖,但仍然带有法兰克福学派批判理论原型的错误胎记。

总而言之,作为西方马克思主义者的阿格尔,以可贵的理论勇气和政治勇气对后现代资本主义进行了文化批判,反映了他对政治民主与全面解放的不懈追求。但也不可否认,阿格尔对辩证唯物主义和历史唯物主义的理解有其不当之处,从而造成他没有很好地在阐释马克思主义的基础上来发展马克思主义。

参考文献

一、英文类

[1] BEN AGGER.Western Marxism : An IntroductionSanta [M] .Monica : Goodyear, 1979.

[2] BEN AGGER, S. A. McDaniel.Social Problems through Conflict and Order [M] .Toronto : Addison-Wesley, 1982.

[3] BEN AGGER. Socio (onto) logy : A Disciplinary Reading [M] . Champaign : University of Illinois Press, 1989.

[4] BEN AGGER.Fast Capitalism : A Critical Theory of Significance [M] . Champaign : University of Illinois Press, 1989.

[5] BEN AGGER.Reading Science : A Literary, Political and Sociological Analysis [M] . Dix Hills, NY : General Hall, 1989.

[6] BEN AGGER.The Decline of Discourse : Reading, Writing and Resistance in Postmodern Capitalism [M] .London/Philadelphia : Falmer Press, 1990.

[7] BEN AGGER. A Critical Theory of Public Life : Knowledge, Discourse and Politics in an Age of Decline [M] . London/ Philadelphia : Falmer Press, 1991.

[8] BEN AGGER.The Discourse of Domination: From the Frankfurt School to Postmodernism [M]. Evanston : Northwestern University Press, 1992.

[9] BEN AGGER.Cultural Studies as Critical Theory [M] . London/Philadelphia : Falmer Press, 1992.

[10]BEN AGGER.Gender, Culture and Power: Toward a Feminist Postmodern Critical Theory[M]. Westport, CT : Praeger Publishers, 1993.

[11] BEN AGGER.Marxism, Feminism, Deconstruction, in The Politics of Culture and Creativity :

A Critique of Civilization [M].Tallahassee, FL : University Press of Florida, 1994.

[12] BEN AGGER.Critical Social Theories : An Introduction [M]. Boulder : Westview Press, 1998.

[13] BEN AGGER.Public Sociology : From Social Facts to Literary Acts [M]. Lanham, MD : Rowman and Littlefield, 2000.

[14] BEN AGGER.Postponing the Postmodern : Sociological Practices, Selves and Theories [M]. Lanham, MD : Rowman & Littlefield, 2002.

[15] BEN AGGER.The Virtual Self : A Contemporary Sociology [M]. Boston : Blackwell, 2004.

[16] BEN AGGER.Speeding Up Fast Capitalism: Cultures, Jobs, Families, Schools, Bodies [M]. Boulder : Paradigm Publishers, 2004.

[17] BEN AGGER, BETH ANNE SHELTON. Fast Families, Virtual Children : A Critical Sociology of Families and Schooling [M].Boulder : Paradigm Publishers, 2007.

[18] BEN AGGER, Timothy W. Luke.There is a Gunman on Campus : Tragedy and Terror at Virginia Tech [M]. Lanham, MD : Rowman & Littlefield, 2008.

[19] BEN AGGER.The Sixties at 40 : Leaders and Activists Remember & Look Forward [M]. Boulder : Paradigm Publishers, 2009.

[20] BEN AGGER.Body Problems : Running and Living Long in Fast-Food Society [M]. London : Routledge, 2010.

[21] BEN AGGER.Texting Toward Utopia [M].Boulder : Paradigm Publishers, 2014.

[22] BEN AGGER.Invisible Politics : Critique of Empirical Urbanism [J].Polity, 1973, 6 (4).

[23] BEN AGGER.Marcuse and Habermas on New Science [J].Polity, 1976, 9 (2).

[24] BEN AGGER.Dialectical Sensibility I : Critical Theory, Scientism and Empiricism [J]. Canadian Journal of Political and Social Theory, 1977, 1 (1).

[25] BEN AGGER.Dialectical Sensibility II : Towards a New Intellectuality [J].Canadian Journal of Political and Social Theory, 1977, 1 (2).

[26] BEN AGGER.The Growing Relevance of Marcuse' s Dialectic of Individual and Class [J]. Dialectical Anthropology, 1979, 4 (2).

[27] BEN AGGER.Work and Authority in Marcuse and Habermas [J].Human Studies, 1979, 2.

[28] BEN AGGER.Bourgeois Marxism [J].Canadian Journal of Political and Social Theory,

1981, 4（1）.

[29] BEN AGGER.A Critical Theory of Dialogue［J］.Humanities in Society, 1981, 3（1）.

[30] BEN AGGER.Marcuse's Freudian Marxism［J］.Dialectical Anthropology, 1982, 6（4）.

[31] BEN AGGER.The Dialectic of Desire：The Holocaust, Monopoly Capitalism and Radical anamnesis［J］.Dialectical Anthropology, 1983, 8（1-2）.

[32] BEN AGGER.Marxism "or" the Frankfurt School?［J］.Philosophy of the Social Sciences, 1983, 13（3）.

[33] BEN AGGER, ALLAN RACHLIN.Left-Wing Scholarship：Current Contradictions of Academic Production［J］.Humanities in Society, 1984, 6（2-3）.

[34] BEN AGGER.Marcuse's Aesthetic Politics：Ideology-Critique and Socialist Ontology［J］. Dialectical Anthropology, 1986, 12（3）.

[35] BEN AGGER.Do Books Write Authors?A Study of Disciplinary Hegemony［J］.Teaching Sociology, 1992, 17（3）.

[36] BEN AGGER.Marcuse's One-Dimensionality：Ideological and Socio-Historical Context［J］. Dialectical Anthropology, 1988, 14（4）.

[37] BEN AGGER.Is Wright Wrong（or Should Burawoy be Buried）?Reflections on the Crisis of the "Crisis of Marxism"［J］.Berkeley Journal of Sociology, 1992, 33.

[38] BEN AGGER.Critical Theory, Poststructuralism and Postmodernism［J］.Annual Review of Sociology, 1991, 17.

[39] BEN AGGER.The Micro-Macro Non-Problem：The Parsonianization of American Sociological Theory［J］.Human Studies, 1991, 14.

[40] BEN AGGER.Are Authors Authored? Cultural Politics and Literary Agency in the Age of the Internet［J］. Democracy and Nature, 2010, 7（1）.

[41] BEN AGGER.Postponing the Postmodern［J］.Cultural Studies, 1986, 1.

[42] BEN AGGER.Books Author Authors, But Reading Writes：A Social Theory of the Text［J］. Current Perspectives in Social Theory, 2000, 20.

[43] BEN AGGER.Sociological Writing in the Wake of Postmodernism［J］.Cultural Studies, 2002, 11.

[44] BEN AGGER, TIM LUKE.Politics in Postmodernity：The Diaspora of Politics and the

Homelessness of Political and Social Theory [J] .Theoretical Directions in Political Sociology for the 21 st Century, 2002, 11 .

[45] BEN AGGER.Why Theorize? [J] .Current Perspectives in Social Theory, 1999, 11 (ix–xii) .

[46] ANDREW WERNICK. Critical Theory and Practice : A Response to Ben Agger [J] . Canadian Journal of Political and Social Theory, 1979, 3 (1) .

[47] BERND BALDUS. Review [J] .The Canadian Journal of Sociology, 1999, 24 (3) .

[48] CHARLES C. LLEMERT. Review [J] .The American Journal of Sociology, 1999, 100 (2) .

[49] DENNIS FORCESE. Review [J] .The Canadian Journal of Sociology, 1984, 9 (3) .

[50] JOHN O' NEILL. For Marx against Althusser and Other Essays [M] .Center for Advanced Research in Phenomenology & University Press of America, 1982 .

[51] JOHN W. MURPHY. Review [J] .Social Forces, 1990, 68 (4) .

[52] JOSEPH W.SCHNEIDER. Review [J] .Contemporary Sociology, 1991, 21 (6) .

[53] JURGEN HABERMAS. Modernity versus Postmodernity [J] .New German Critique, 1981, 22 (winter) .

[54] JURGEN HABERMAS. Theory of Communicative Action [M] . Boston : Beacon Press, 1984 .

[55] LAWRENCE E. hazelrigg. Review [J] .Social Forces, 1991, 70 (2) .

[56] LEWIS A.COSER.Review [J] .Contemporary Sociology, 1992, 24 (6) .

[57] MARTIN JDY. Marxism and Totality [M] . Berkeley : University of California Press, 1984 .

[58] MICHAEL RYAN. Marxism and Deconstruction : A Critical Articulation [M] . Baltimore : the Johns Hopkins University Press, 1982 .

[59] PAUL CONNERTON. The Tragedy of Enlightenment: An Essay on the Frankfurt School [M] . London : Cambridge University Press, 1980 .

[60] PHIL SLATER. Origin and significance of the Frankfurt School : a Marxist perspective [M] . London : Routledge & K. Paul, 1977 .

[61] RUSSEL JACOBY. Dialectic of defeat : contours of Western Marxism [M] .London : Cambridge University Press, 1981 .

[62] MARK WARDELL. Review [J] .Contemporary Sociology, 1991, 20 (2) .

[63] NORMAN K.DENZIN. Review [J] .Social Forces, 1992, 70 (4) .

［64］PETER K. MANNING. Review［J］.Contemporary Sociology，1990，19（6）．

二、中文类

［1］［德］阿多诺.否定的辩证法［M］.张峰，译.上海：上海人民出版社，2020.

［2］［美］艾伦·布卢姆.美国精神的封闭［M］.战旭英，译.南京：译林出版社，2011.

［3］［美］本·阿格.作为批评理论的文化研究［M］.张喜华，译.开封：河南大学出版社，2010.

［4］［加］本·阿格尔.西方马克思主义概论［M］.慎之，等译.北京：中国人民大学出版社，1991.

［5］［德］布鲁斯·阿克曼.自由国家的社会正义［M］.董玉荣，译.南京：译林出版社，2015.

［6］陈学明，马拥军.走进马克思：苏东剧变后西方四大思想家的思想轨迹［M］.北京：东方出版社，2002.

［7］陈学明，王凤才.西方马克思主义前沿问题二十讲［M］.上海：复旦大学出版社，2008.

［8］陈学明.西方马克思主义教程［M］.北京：高等教育出版社，2001.

［9］［德］道格拉斯·凯尔纳，斯蒂文·贝斯特.后现代理论：批判性的质疑［M］.张志斌，译.北京：中央编译出版社，2004.

［10］［德］道格拉斯·凯尔纳.媒体文化：介于现代和后现代之间的文化研究、认同性和政治［M］.丁宁，译.北京：商务印书馆，2013.

［11］邓小平.邓小平文选（第2卷）［M］.北京：人民出版社，1994.

［12］高宣扬.当代法国思想五十年［M］.北京：中国人民大学出版社，2016.

［13］［美］赫伯特·马尔库塞.爱欲与文明：对弗洛伊德思想的哲学探讨［M］.黄勇，等译.上海：上海译文出版社，2008.

［14］［美］赫伯特·马尔库塞.单向度的人：发达工业社会意识形态研究［M］.刘继，译.上海：上海译文出版社，1989.

［15］［美］赫伯特·马尔库塞.工业社会和新左派［M］.任立，编译.北京：商务印书馆，1982.

[16][美]赫伯特·马尔库塞.理性和革命：黑格尔和社会理论的兴起[M].程志民，译.上海：上海人民出版社，2007.

[17][美]赫伯特·马尔库塞.审美之维：马尔库塞美学论著集[M].李小兵，译.上海：上海三联书店，1989.

[18][美]赫伯特·马尔库塞.现代文明与人的困境——马尔库塞文集[M].李小兵，译.上海：上海三联书店，1989.

[19]胡锦涛.胡锦涛文选（第3卷）[M].北京：人民出版社，2016.

[20]胡俊.批判理论的未来在于文化研究与实践意图的结合：论本·阿格的后马克思主义文化批判理论[J].学习与探索，2013（8）.

[21]江泽民.江泽民文选（第3卷）[M].北京：人民出版社，2006.

[22][法]居伊·德波.景观社会[M].张新木，译.南京：南京大学出版社，2017.

[23][苏]列宁.列宁选集（第1卷）[M].北京：人民出版社，1995.

[24][苏]列宁.列宁专题文集（第1-5卷）[M].北京：人民出版社，2009.

[25][法]路易·阿尔都塞.保卫马克思[M].顾良，译.北京：商务印书馆，2006.

[26][德]罗尔夫·魏格豪斯.法兰克福学派：历史、理论及政治影响[M].孟登迎，等译.上海：上海人民出版社，2010.

[27]马驰.本·阿格的文化研究观[J].社会科学辑刊，2011（5）.

[28]马驰.本·阿格对肯定的后现代主义批判及其启迪意义[J].河北学刊，2012（6）.

[29]马驰.区分两种不同的后现代主义——本·阿格文化研究给我们的启迪[J].上海大学学报（社会科学版），2011（3）.

[30]马驰.再论本·阿格的文化研究观[J].社会科学，2012（11）.

[31]马驰.重新认识后现代主义：本·阿格给我们的启迪[J].甘肃社会科学，2016（6）.

[32][美]马丁·杰.法兰克福学派史[M].单世联，译.广州：广东人民出版社，1996.

[33][德]马克思，恩格斯.马克思恩格斯文集（第1卷）[M].北京：人民出版社，2009.

[34][德]马克思，恩格斯.马克思恩格斯选集（第1卷）[M].北京：人民出版社，2012.

[35][德]马克思.资本论（第1卷）[M].北京：人民出版社，1975.

[36][美]马克斯·霍克海默，西奥多·阿道尔诺.启蒙辩证法：哲学片段[M].渠敬东，等译.上海：上海人民出版社，2003.

[37]毛泽东.毛泽东选集（第2卷）[M].北京：人民出版社，1991.

[38][美]佩里·安德森.当代西方马克思主义[M].余文烈,译.北京:东方出版社,1989.

[39][英]佩里·安德森.西方马克思主义探讨[M].高铦,等译.北京:人民出版社,1981.

[40]申治安,王平.阿格尔对当代资本主义的多维度批判[J].毛泽东邓小平理论研究,2012(2).

[41]申治安.论阿格尔对哈贝马斯交往理论的重建[J].求索,2012(11).

[42]申治安.溯源考流、整合重建、辩难驳责——本·阿格尔对西方马克思主义发展所做的积极探索[J].理论月刊,2012(3).

[43]十八大以来重要文献选编(上)[M].北京:中央文献出版社,2014.

[44]十八大以来重要文献选编(中)[M].北京:中央文献出版社,2016.

[45]十八大以来重要文献选编(下)[M].北京:中央文献出版社,2018.

[46]十九大以来重要文献选编(上)[M].北京:中央文献出版社,2019.

[47][美]史蒂芬·埃里克·布隆那.重申启蒙:论一种积极参与的政治[M]殷杲,译.南京:江苏人民出版社,2006.

[48][美]斯蒂芬·贝斯特,道格拉斯·凯尔纳.后现代转向[M].陈刚,等译.南京:南京大学出版社,2002.

[49][美]托马斯·麦卡锡.哈贝马斯的批判理论[M].王江涛,译.上海:华东师范大学出版社,2010.

[50]王凤才.蔑视与反抗:霍耐特承认理论与法兰克福学派批判理论的"政治伦理转向"[M].重庆:重庆出版社,2008.

[51]王沪宁.政治的逻辑:马克思主义政治学原理[M].上海:上海人民出版社,2004.

[52]王平,申治安.变革当代资本主义社会何以可能——本·阿格尔生态马克思主义的视域[J].理论探讨,2012(2).

[53]王雨辰.评本·阿格尔对西方马克思主义的研究[J].社会科学动态,1998(4).

[54]习近平.习近平谈治国理政(第三卷)[M].北京:外文出版社,2020.

[55]习近平.习近平谈治国理政(第二卷)[M].北京:外文出版社,2017.

[56]习近平.习近平谈治国理政[M].北京:外文出版社,2014.

[57]徐崇温.西方马克思主义理论研究[M].海口:海南出版社,2000.

［58］［法］雅克·德里达.马克思的幽灵［M］.何一，译.北京：中国人民大学出版社，2008.

［59］颜岩.第三代批判理论家与批判社会理论［J］.国外理论动态，2009（7）.

［60］颜岩.批判的社会理论及其当代重建［M］.北京：人民出版社，2007.

［61］［德］尤尔根·哈贝马斯.公共领域的结构转型［M］.曹卫东，等译.上海：学林出版社，1999.

［62］［美］尤尔根·哈贝马斯.合法化危机［M］.刘北成，等译.上海：上海人民出版社，2000.

［63］［美］尤尔根·哈贝马斯.作为意识形态的科学与技术［M］.李黎，译.上海：学林出版社，1999.

［64］俞吾金，陈学明.国外马克思主义哲学流派新编·西方马克思主义卷（上下册）［M］.上海：复旦大学出版社，2002.

［65］俞吾金.现代性现象学：与西方马克思主义者的对话［M］.上海：上海社会科学院出版社，2002.

［66］俞吾金.意识形态论（修订版）［M］.北京：人民出版社，2009.

［67］张一兵.资本主义理解史［M］.南京：江苏人民出版社，2009.

［68］周穗明.20世纪末西方新马克思主义［M］.北京：学习出版社，2008.